Katrin Göring-Eckardt

Ich entscheide mich für Mut

Katrin Göring-Eckardt

Ich entscheide mich für Mut

Wie wir Veränderung
in unserem Land gestalten

KREUZ

MIX
Papier aus verantwortungsvollen Quellen
FSC® C083411

www.kreuz-verlag.de
Gestaltung und Satz: Farnschläder & Mahlstedt, Hamburg
Herstellung: CPI books GmbH, Germany
ISBN 978-3-946905-07-3

S. 53ff: Gekürzte Fassung des in der Frankfurter Allgemeinen Zeitung am 11. April 2014 veröffentlichten Artikels »Wir sind widersprüchlicher als unser digitaler Zwilling«.

Inhalt

I
Was mich trägt
Biografisches

Familie und Heimat

Ein Ankommen

Thüringen ist Heimat und Zuhause. Hier wurde ich geboren, hier wurden meine Kinder geboren und noch immer fühlt es sich an, als würde ich im ehrwürdigen englischen Park unserer Stadt jeden Baum kennen. Gotha, da bin ich am Schlosspark aufgewachsen. Eine Art »neubürgerliches« Haus: Meine Eltern waren Tanzlehrer. Mein Vater hat in der Gefangenschaft in Amerika das Tanzen entdeckt. Nach dem Krieg machte er eine Tanzschule auf und meine Mutter kam als Partnerin dazu. Eine Begeisterung fürs Tanzen wurde mir quasi in die Wiege gelegt. Als Kind liebte ich alle Charlie-Chaplin-Filme ebenso wie die mit Fred Astaire. Ich konnte ein wenig steppen und deswegen haben mir Fred Astaire und Caterina Valente, überhaupt diese komischen Revuefilme, viel Spaß gemacht. Von Caterina Valente habe ich auch meinen Namen. Und den zweiten Vornamen Dagmar von ihrem, wenn man so will, ostdeutschen Äquivalent: Dagmar Frederic.

Mein Vater ist 1921 geboren, war in Stalingrad und hat mit mir bis zum Ende seines Lebens Auseinandersetzungen über den Nationalsozialismus führen müssen. Soweit das irgendwie ging, denn alles wollte er – nur das nicht. Als ich vierzehn war, etwa zur gleichen Zeit, als ich das Tagebuch der Anne Frank las, fand ich auf dem Schrank »Mein Kampf« ins »Neue Deutschland« eingepackt – und eine Welt brach zusammen. Ich habe das überhaupt nicht verstanden! Antifaschismus gehörte in der DDR zum Selbstbild des Staates, allerdings klafften Anspruch und Wirklichkeit weit auseinander. Aber ich war sicher, dass es dieses Buch in der DDR einfach nicht gibt, außer irgendwo eingeschlossen im Giftschrank in der Bibliothek, weil man es eben zu Wissenschaftszwecken aufheben muss. Und mit einem Mal war es bei mir zu Hause! Ich habe meinen Vater zur Rede gestellt, ihm die Fragen gestellt, die glaube ich jeder stellt – Warum hast du das gemacht? – und ich kriegte die Antworten, die die Achtundsechziger in Westdeutschland auch bekommen haben: Es war nicht alles schlecht, Hitler hat die Autobahn gebaut und der hat wenigstens was für die kleinen Leute gemacht und so weiter. Im Rückblick war das für mich ein Bruch und sicher auch einer der Gründe, warum ich heute bei alten und neuen Nazis unbarmherzig bin. Wer denkt wie ein Nazi, wer redet oder schreibt wie ein Nazi, wer sogar handelt wie einer, der ist es auch. Der kann sich nicht irgendwie herausreden.

Meine Mutter war deutlich jünger, 1937 geboren, und ist, als ich siebzehn war, bei einem Verkehrsunfall tödlich verunglückt. Das prägt mich, bis heute. Ich hatte in der Zeit viel Zweifel an der Welt, an Gott, an allem und fühlte mich verlassen. Habe mich auf die Suche begeben und am Ende für mich ein Grundgefühl finden können von »du bist getragen«: Egal, was kommt, das war das Schlimmste, was passieren konnte. Am Ende kannst du es überstehen, auch wenn es immer noch, immer wieder traurig ist. Auch wenn es unerträglich ist, du kannst es überstehen, weil du nicht alleine bist.

Die wichtigsten Dinge des Lebens habe ich von meiner wunderbaren Großmutter Alice gelernt, der Mutter meiner Mutter. Sie stammte aus Gotha und war noch in den letzten Jahren des 19. Jahrhunderts geboren. Ich weiß nicht warum, aber sie sprach ihren Namen »Alize« aus; jeder normale Mensch würde »Alies« sagen, aber sie sagte »Alize«. Sie wohnte im gleichen Ort und ich war bei ihr, wenn meine Eltern oder die Kinderfrau nicht da waren. Wenn ich aus der Schule kam, waren sie fast nie da, denn sie fuhren zum Tanzunterricht. So hat mich meine Großmutter mit ihrem Charme und ihrer Bodenständigkeit geprägt. Alles, was ich kochen kann, habe ich von ihr gelernt. Von ihr habe ich auch die Sommersprossen, die ich mit zehn, zwölf Jahren gerne weggeätzt hätte. Aber weil das nicht klappt, habe ich mich eben entschieden, sie gut zu finden. Und von ihr habe ich auch das Durchhaltevermögen – sie war hart im Nehmen, hat Herausforderungen gemeistert und Ärger oder Sorgen mit einem Lächeln beantwortet.

Meine Großmutter, zu der Zeit bereits Rentnerin, war eine Frau, zu der man einfach gehen konnte. Ich konnte sie entweder die ganze Zeit zuplappern und alles erzählen, was ich nach der Schule sehr oft tat, und sie saß oder stand meistens am Küchentisch und schnippelte irgendwas. Oder ich konnte auch einfach nur da sein und gar nichts sagen, und das finde ich bis heute das schönste. Das habe ich von ihr mitgenommen: Familie und Freunde können kommen, das Haus ist immer offen. Sie können einfach nur da sein, ich erwarte nicht, dass man Konversation betreiben muss. Aber man kann eben über alles reden und lachen. Und manchmal gibt es auch Streit oder ich rege mich auf und dann wieder ab. Der Küchentisch meiner Großmutter hat sich in meinem Leben fortgesetzt, auch wenn es nicht mehr der Sprelacarttisch von damals aus ihrer Küche ist.

Vieles, was ich als Kind von ihr gelernt habe, versuche ich heute an meine Enkel weiterzugeben. Und auch meine Kindheitserlebnisse prägen mich in meiner Rolle als Großmutter. Als mein vier Jahre jüngerer Bruder – gemessen am Alter – drei Jahre früher als ich ein Fahrrad bekommen hatte, fand ich das ungerecht. Die Begründung lautete: Er ist ein Junge. Das war eine harte Ansage, die ich nie vergessen habe. Jungs haben Vorteile, Mädchen stehen zurück, war die Botschaft.

Deswegen kümmere ich mich jetzt bei meinen Enkelinnen immer darum, dass sie auch so etwas wie ferngesteuerte Autos bekommen. Meinen Söhnen habe ich die nie geschenkt, weil ich es völlig unsinnig fand. Nachdem mich meine Enkelin aber angerufen und gesagt hatte: »Ach, ich würde so gerne ein ferngesteuertes Auto haben, aber alle sagen, das ist keine Mädchensache«, war klar, »okay, alle Nicht-Mädchen-Sachen kriegst du ab jetzt von mir.« Dafür sind Großmütter da.

Meine Familie heute ist eine große bunte Patchworkfamilie und das ist wirklich sehr gut so. Kinder, Stiefkinder, Partnerkinder, Enkelkinder, Stiefenkel, Beuteenkel, Schwiegertochter, Mitschwiegereltern und Großeltern. Nicht immer sehen wir uns alle regelmäßig. Aber wenn es drauf ankommt, ist immer jemand da.

Sicher ist es auch manchmal nicht leicht, die Balance zwischen Politik und Familie zu halten. Feierabend hat man als Politikerin eher selten, abschalten ist schwer. Ich mache dann auch gerne mal was »Spießiges«, ich koche und backe. Manchmal stelle ich mich, wenn ich um Mitternacht nach Hause komme, in die Küche und fange an, Erdbeermarmelade zu kochen, weil ich so aufgedreht bin und gar nichts anderes mehr geht.

Oder ich lade Leute zum Essen ein, und meistens findet sich jemand, der bereit dazu ist. Hier schließt sich der Kreis zu meiner Großmutter und ihrem Küchentisch. Auch wenn es heute bei meinem Job schwieriger ist als früher, zu Freunden oder Nachbarn zu sagen: »Du, ich koch was, willst du in zwei Stunden vorbeikommen?« Es sollte so selbstverständlich wie möglich sein, das ist mir am liebsten. Sonntagnachmittag zum Beispiel, es wird schon Kuchen geben, und wenn's keinen gibt, dann backen wir ein paar Waffeln. Gerade diese Sonntagskultur ist für mich bis heute wichtig, mit Gottesdienst und, nachdem die Kinder etwas größer waren, dem gemeinsamen Frühstück danach. Sonntage, an denen ich arbeiten muss, sind problematisch – es geht natürlich manchmal nicht anders –, aber Sonntag ist der Tag, der der Ruhe dient oder an dem ich jedenfalls irgendetwas ganz anderes tun möchte.

Nach 1989 taten sich manche Welten neu auf. Die ganz großen und die kleinen natürlich auch. Kinderbücher, durch oder mit meinen Söhnen entdeckt, gehören zum schönsten Fund. Klar gab es Erich Kästner und Hirsch Heinrich von Fred Rodrian. Natürlich habe ich meinen Kindern die Bücher vorgelesen, die ich selber gelesen habe, aber dann kamen neue dazu. Eine Kollegin brachte mich auf das Sams von Paul Maar und vor drei Jahren habe ich die wunderbare »Tranquilla Trampeltreu« von Michael Ende geschenkt bekommen. Manchmal denke ich, dass diese beharrliche Schildkröte ganz gut zu meinem Leben passt: Sie geht Schritt für Schritt zur Hochzeit des Löwenkönigs Leo der Achtundzwanzigste. Als sie endlich ankommt, heiratet mittlerweile Leo der Neunundzwanzigste; der Achtundzwanzigste hat gar nicht geheiratet, sondern wurde im Krieg umgebracht. Sie verfolgt beharrlich ihr Ziel. Denn es ging darum, das große Fest der Tiere zu erreichen; es ging darum, dabei zu sein, dazuzugehören. Meine Enkel freuen sich, wenn ich ihnen daraus vorlese. Und ich mich auch.

Das politische Werden

Eine Reise

Vieles, was mich für immer prägen sollte, hat in der Tanzschule meiner Eltern begonnen. Ich habe dort oft gesessen und meine Hausaufgaben gemacht. Mein Vater wollte, dass ich gerade gehe. Ich habe auch mit Bügeln in der Jacke gelebt – das sind Methoden, die man von ganz früher noch kennt –, damit ich »Haltung« lerne. Zu seinem »Training« gehörte auch, dass ich mit zwölf in Stöckelschuhen quer durch einen Saal laufen musste, wo 60, 70, 80 Jungs auf der einen Seite saßen und genauso viele Mädchen auf der anderen Seite – so groß war Tanzunterricht damals in der DDR. Ich musste quer rüber laufen und wieder zurückkommen. Es war, als müsste man ein Meer durchqueren.

Ein Gutes hatte diese Aktion: Vor öffentlichen Auftritten habe ich seitdem kaum mehr Angst. Denn ich habe es geschafft, bin hin- und auch wieder zurückgekommen, ohne zu stürzen oder ohne dass alle losgeschrien hätten. Ich hatte mit allem gerechnet, aber nichts davon geschah. Insofern habe ich sicherlich etwas gelernt, auch wenn die Lektion über Angst und Selbstsicherheit nicht freiwillig war. Und ich weiß, dass Haltung im Leben mehr ist als »Brust raus, Bauch rein« – echte Haltung kommt von Innen, aus Überzeugung.

Meine Eltern sind von Ort zu Ort, von Saal zu Saal, um Gesellschaftstanz zu unterrichten. Sie hatten ihre Musikanlage im Auto dabei. Manchmal musste ich meine Mutter beim Tanzunterricht vertreten, weil sie wegen ihrer »Belastung« als Mitglied der Jungen Gemeinde nicht durfte. Also fuhr ich stattdessen mit meinem Vater in einen Jugendwerkhof – so nannte man die Jugendgefängnisse für Straftäter unter achtzehn in der DDR – mit vielen, jugendlichen, oft politischen Gefangenen. Auch die DDR hatte irgendwann die Idee, man müsse irgendwelche Resozialisierungsmaßnahmen ergreifen, und vermutlich hat dazu gehört, dass ein Tanzlehrer den Gefangenen gutes Benehmen beibringen sollte. Für mich war es schrecklich zu sehen, in welchem Zustand diese jungen Männer waren.

Diesen Jugendwerkhof in Friedrichswerth in der Nähe von Gotha werde ich bestimmt nicht vergessen. Ich empfand es als gruselig, wie die Jugendlichen nach und nach hereingeführt worden sind. Ich habe mit meinem Vater vorgetanzt und zum Teil auch mit den Jungs getanzt. Einmal sagte einer zu mir: »Ich hab wirklich nichts Schlimmes gemacht, ich hab nur gesagt, ich will einmal in den Urlaub in die Karibik.« Ob das stimmte oder nicht, weiß ich nicht. Aber im Nachhinein wissen wir alle, es könnte so gewesen sein. Dieses Gefühl, nichts Schlimmes gemacht und unter schrecklichsten Bedingungen eingesperrt zu sein; zu erleben, wie versehrt diese jungen Männer waren – das hat meine politischen Ambitionen, mein Freiheitsstreben mehr ausgelöst als alles Nachdenken und Diskutieren. Ich war fünfzehn, sechzehn, sie waren gleichaltrig – und sie waren völlig verstört, ihr Leben zerstört, für nichts.

Die eigentliche Initialzündung für mein politisches Engagement war die Reaktorkatastrophe in Tschernobyl am 26. April 1986. Das war der Tag, an dem sich alles geändert hat. In der DDR hatte man erst sehr spät über das Unglück berichtet und uns dann erklärt, die radioaktive Wolke würde nicht über die Grenze kommen. Alles, was wir wussten, kam aus dem »Westfernsehen«. Natürlich hatten wir in der Kirche, unter Freunden, in der Bürgerrechtsbewegung Informationen, Zahlen und Untersuchungen, die ausgetauscht und weitergegeben wurden. Was man darf und was nicht: keine Pilze, keine Milch, keinen Salat und so. Viele von uns waren erschüttert: Wenn man uns das verheimlicht, was noch alles? Was kann noch alles schiefgehen? Und für viele, einmal aufgerüttelt, wurde das Engagement dauerhaft, in der Umweltbewegung der DDR, in den Oppositionsgruppen der Kirche.

1990 bin ich dann selbst dort gewesen, das werde ich nie vergessen. Erschreckend, was diese Technik anrichten kann! Die langfristigen Folgen, nicht überschaubar, nicht beherrschbar. Ich war mit einem Hilfstransport für eine Woche in Weißrussland und bin auch in die verbotene Zone gegangen. Das war – man kann es sich kaum vorstellen – völlig unproblematisch. Ich musste einfach nur einen Draht hochheben und durch das Tor gehen. Während in Minsk die staatliche Ordnung zusammenbrach, kümmerte sich niemand um ein Tor in Tschernobyl.

Es war sehr eindrücklich zu sehen, wie die Natur das Gebiet Stück für Stück überwucherte. Aber ich habe auch gesehen, wie sich die Pflanzen verändert hatten. Das Eindrücklichste für mich im Nachhinein jedoch war, dass ich, ohne es zu wissen, schwanger dorthin gefahren bin. Es waren harte Monate bis zur Geburt – und ich war so unendlich froh und bin es bis heute, dass dieses Kind gesund ist. Wahrscheinlich hat mir geholfen, dass ich nur kurz da war und mir so unglaublich übel war, dass ich nichts essen konnte. Die Leute dort sagten, wir haben ein Huhn aus dem Garten für euch geschlachtet; das ist das Beste, was wir haben, und es gab Gemüse und Beeren aus diesem Garten. Alle wussten um die Radioaktivität, aber man konnte hier nicht sagen: Seid ihr denn wahnsinnig geworden? Weil es das war, was sie zu essen hatten. Anderes gab es nicht.

Der Herbst ’89 war für mich doppelt turbulent, denn im September war ich zum ersten Mal Mutter geworden. Die Revolution im Land und dann quasi die kleine Revolution im eigenen Leben. Wir diskutierten alle unglaublich viel im Herbst ’89, auch über die Wiedervereinigung. Dadurch, dass ich über die Oppositionsbewegung und über die Kirche bereits Kontakte in den Westen hatte – zu Grünen, zu linken Kirchenleuten, zu Atomkraftgegnern oder zu denen, die sich für Abrüstung im Fulda Gap engagierten –, war mein Blick auf den Westen schon kritischer. Ich hatte nicht das Gefühl, dass alles im Westen ganz toll sei – jedenfalls nicht so, wie in der Nivea- oder Nutella-Werbung. Ich fand, auch dort gab es ganz schön viel zu verändern. Ich war zu dieser Zeit, wie viele in der Oppositionsbewegung der DDR, eine Verfechterin des Dritten Weges und gehörte zu denen, die eine Wiedervereinigung nicht sofort wollten. Ich fand es viel spannender, darüber nachzudenken, wie man eine Gesellschaft eigentlich neu gestalten kann. Mein Traum war es jedenfalls bestimmt nicht, ausgerechnet von Helmut Kohl regiert zu werden.

Am Abend des 9. November saß ich in unserem Dorf zu Hause vor einem sehr kleinen Fernseher, den man nur betreiben konnte, wenn man eine Stopfnadel reinsteckte, weil das Ding so alt und kaputt war. Da habe ich erfahren, dass die Mauer gefallen war – und ehrlich gesagt, empfand ich keine uneingeschränkte Freude.

Und zwar nicht, weil ich irgendwie die Freiheit nicht wollte. Natürlich wollte ich sie, das war ein ganz alter Wunsch, den ich immer hatte. Aber ich hatte Sorge, dass jetzt alles, was wir an Veränderungen, an Bewegung, an neuer Gestaltung wollten, vorbei wäre. Und ein bisschen war das ja auch so. Auf der einen Seite wurde am Runden Tisch der DDR eine neue Verfassung für die DDR entworfen, auf der anderen Seite wurde zu der Zeit bereits die Wiedervereinigung geplant. Während an dem Samstag nach dem Mauerfall alle nach Hessen in den Westen fuhren, sind wir nach Arnstadt, weil dort noch einmal eine Demonstration stattfinden sollte. Wir waren ziemlich alleine auf der Seite der Straße, während auf der anderen Seite die Trabis in den Westen fuhren. Am Ende hatten sich die Bürgerinnen und Bürger für den schnellen Anschluss entschieden. Aus heutiger Perspektive sage ich, es war richtig, es so gemacht zu haben – bis auf Helmut Kohl natürlich. Aber zunächst war es für mich eine verpasste Chance.

Mein Weg zu Bündnis 90 und den Grünen war kein gradliniger. Zunächst hatte ich Berührung mit der Friedens- und Umweltbewegung und auch mit der Frauenbewegung in der DDR. Während des Herbstes '89 war ich dann im »Demokratischen Aufbruch« aktiv, aber nur so lange, bis dieser sich im Februar 1990 mit dem »Wahlbündnis Allianz für Deutschland« zusammenschloss.

An diesen Tag, es war der 5. Februar, habe ich eine persönliche, unangenehme Erinnerung: Der Vorsitzende Wolfgang Schnur, der sich wenig später als Stasi-IM herausstellte, hielt meinen Sohn, der noch nicht mal ein halbes Jahr alt war, in die Kameras und sagte: »Das ist die Zukunft Deutschlands.« Ich nahm meinen Sohn und konterte: »Nein, das ist mein Sohn«, und verließ unter Protest den Saal. So wollte ich meinen Sohn nicht vereinnahmen lassen. Mit der »Allianz für Deutschland« wollte Helmut Kohl aktive Wahlkampfunterstützung für die Ost-CDU und konservative Strömungen der DDR-Bürgerrechtsbewegung machen. Das ist ihm beim Demokratischen Aufbruch auch gelungen. Für mich aber war das keine politische Heimat mehr. Ich konnte mir auch zu der Zeit nicht vorstellen, dass ich in eine konservative Partei eintrete. Dass ich jetzt für Helmut Kohl, den Dauer-Kanzler, Wahlkampf machen sollte, war für mich jenseits jeder Vorstellung.

Deswegen hatte ich es auch zunächst bei den Grünen versucht. Aber unser erster Kontakt verlief nicht so erfolgreich: Ich sehe mich noch, wie ich meinen Kinderwagen viele Etagen hoch in eine Wohnung mitten in Erfurt trage, um dann oben hinter dicken Rauchschwaden eine kleine Gruppe vollbärtiger, überwiegend westdeutscher Männer anzutreffen, die über die Frage diskutierten, ob man eigentlich Plakate mit Nägeln an Bäume machen darf. Darf man nicht, weil die Bäume davon kaputtgehen. Das war jenseits der Themen, die mich beschäftigten: Wir hatten gerade eine Revolution entfacht und wollten die ganze Welt ändern, mindestens aber dieses Land – so fühlte ich mich – und die redeten über: »Nageln wir Plakate an die Bäume?« Das waren nicht meine Fragen, auf die ich Antwort suchte. Über Freunde gelangte ich zu »Demokratie Jetzt«, die sich auch in Erfurt gegründet hatten. Demokratie Jetzt«war neben dem »Neuen Forum« eine der Bürgerbewegungen, die damals überall entstanden. Wolfgang Ullmann, der Kirchengeschichte im Katechetischen Oberseminar in Naumburg und am Sprachenkonvikt in Berlin lehrte, gehörte dazu und war später für Bündnis 90/Die Grünen im Europaparlament.

Die Vereinigung von Demokratie Jetzt, Initiative Frieden und Menschenrechte und Teilen des Neuen Forums zu Bündnis 90 war eine harte Aufgabe. Deshalb erfolgte das in zwei Schritten. Das waren alles Individualisten, mit teils traumatischen Erlebnissen. Letztlich hatte es politische Gründe, warum es so viele Oppositionsgruppen gab und nicht alle im Neuen Forum oder bei Demokratie Jetzt waren. Zum Teil gab es natürlich auch persönliche. Das bleibt bei so kleinen Gruppen aus der zum Teil illegalen Opposition nicht aus. Im zweiten Schritt folgte dann 1991 die Umwandlung in eine Partei. Und 1993 die Fusion mit den Grünen zu Bündnis 90/Die Grünen.

Das war ein langer, harter Weg. Aber wir haben es geschafft!

Ich erinnere mich an meine erste politische Feuertaufe 1999. Wir Grüne waren damals in der Regierung, und ich war in der Bundestagsfraktion für Rentenpolitik zuständig. Dafür musste ich erst einmal das Rentensystem richtig verstehen. Wenn ich mir irgendetwas neu erobern will, knie ich mich rein, beschäftige mich damit intensiv und rede mit vielen Menschen. So hatte ich das auch damals gemacht und dann zehn Punkte aufgeschrieben, wie man das Rentensystem reformieren könnte. Daraufhin habe ich diese zehn Punkte zehn Menschen geschickt und sie gefragt, wie sie das finden. Das war ein Granatenfehler, den man als Politikerin nur einmal macht. Denn einer von den zehn fand meine Überlegungen hochinteressant und hat sie an eine Nachrichtenagentur weitergegeben. Das wusste ich nicht; es war ja auch noch nicht die Zeit, in der jeder ein Handy hatte.

Zur gleichen Zeit hatten wir mit der Bundestagsfraktion Klausur in Weimar, und ich komme da mit meinem kleinen Twingo an und denke, komisch, wieso stehen diese ganzen Kameras hier? Der erste Tag der Klausur war ohne unsere Minister und eigentlich hatten wir nicht mit großer Aufmerksamkeit gerechnet. Ich steige also aus und stelle fest: Die waren meinetwegen da. Während ich im Auto von zu Hause dorthin gefahren bin, gab es die Meldung: »Göring-

Eckardt für ein Rentenniveau von 63 Prozent.« Ich kann bis heute nicht sagen, was ich den Reportern erzählt habe, ich weiß nur, ich habe diesen Kamerawald und diese Mikrofone überstanden.

Ich bin in die Klausur gegangen und höre Rezzo Schlauch, der damals Fraktionsvorsitzender war, laut ins Telefon schreien: »Nein, ich entlasse sie nicht« – und hatte immer noch nicht verstanden, dass auch da ich gemeint war. Denn Bundeskanzler Gerhard Schröder hatte unseren grünen Außenminister und Vizekanzler Joschka Fischer angerufen: »Die musst du rausschmeißen«, Fischer hatte Schlauch angerufen: »Die musst du rausschmeißen«, aber Rezzo Schlauch hat zu mir gestanden. Die Stimmung im Saal war auch nicht gerade super, schließlich wollte die Fraktion Energiepolitik diskutieren und ich hatte, ohne es zu wollen, eine Rentendebatte ausgelöst. Also bin ich nach Hause gefahren und dachte nur, schade, dass schon nach einem Jahr deine politische Karriere zu Ende ist.

Am nächsten Tag riefen ganz viele Menschen an, Journalisten, und auch die damalige Bundesgesundheitsministerin Andrea Fischer, die sagte: »Du hast alles richtig gemacht; das war genau das, was man jetzt dazu sagen muss!« Ich antwortete: »Na, herzlichen Dank, aber leider ist jetzt alles vorbei ...« Zwei Journalisten schrieben positiv darüber, ich hab's überlebt. Und die Idee, dass die Rente auch für unsere Kinder und Enkelkinder noch tragen muss, auch.

Seitdem weiß ich: Es gibt Momente, da musst du dich aus der Deckung trauen und zu deinen Sachen stehen. Und eines Tages werde ich mir noch einmal anschauen, was ich an dem Tag eigentlich gesagt habe …

In meinem christlichen Menschenbild ist das alles Entscheidende, dass der Mensch frei ist, frei entscheiden kann. Das ist sicherlich dezidiert protestantisch: Das Glauben und das Hoffen sind das eine, aber die Möglichkeit, selber zu entscheiden, die Freiheit, selber zu entscheiden, ist auch eine Bürde. Klar, am Schluss ist man selber verantwortlich für das, was man tut oder auch was man lässt. Das gehört natürlich dazu.

Zum Menschenbild gehört für mich ganz zentral die Nächstenliebe. Ich leide manchmal körperlich, wenn ich sehe, wie viele Kinder wir immer noch in Armut haben. Nicht selten passiert es, dass ich in irgendeiner Suppenküche bin und Kinder erlebe, die nicht nur am Ende des Monats dahin kommen. Ich bin unterwegs und treffe auf Kinder, deren Eltern alles tun, was sie irgendwie noch können, aber die Kinder haben trotzdem keine Chance. Wir leben in einem Land, das Kindern so geringe Chancen einräumt, nur weil sie die falschen Voraussetzungen haben, den falschen Vornamen, weil sie in der falschen Straße wohnen und Eltern haben, die selber nicht gut ausgebildet sind. Das ist für mich politisch der Kern dessen, was mich umtreibt, wenn ich über soziale Fragen, über Nächstenliebe christlich gesprochen, rede. Es ist nicht neu, das treibt mich schon immer um. Bereits auf meinem Dorf habe ich gedacht, ich würde den Kindern, die es von zu Hause nicht bekommen, am liebsten selber vorlesen und Kakao kochen – und habe dies auch nicht selten gemacht, weil sich Kinder irgendwie bei uns sammelten. Und das ist mir bis heute geblieben.

Glaube und Inspiration

Ein Finden

Ich bin völlig ohne kirchliche Sozialisation zu Hause aufgewachsen. Abendgebet oder dergleichen hatten da keinen Platz; aber ich bin getauft. Erst viel später habe ich verstanden, welche Geschichte dahintersteckte: Meine Mutter ging in den fünfziger Jahren zur Jungen Gemeinde, der Jugendgruppe innerhalb der evangelischen Kirchen in der DDR. In ihrer Schule war gefragt worden, wer denn in die Junge Gemeinde gehe, woraufhin neben ihr noch zwei weitere Schüler aufgestanden sind. Und diese drei wurden von der Schule relegiert, wie man damals sagte. Auf Deutsch: Sie sind von der Schule geflogen. Erzählt hat sie davon nicht allzu oft. Sie wurde eben Zahnarzthelferin statt Zahnärztin, so restriktiv war das in der DDR zu ihrer Zeit noch.

Meine Mutter fand es selbstverständlich, mich taufen zu lassen. Getauft hat mich dann »ihr« Pfarrer, der um die Ecke bei meinen Großeltern wohnte und der sie auch sonst begleitet hat. Meine Eltern haben mich in die Christenlehre geschickt, dem Religionsunterricht in der DDR, und natürlich bin ich auch konfirmiert worden. Für meine Familie stand das aber nicht im Widerspruch dazu, auch zur Jugendweihe zu gehen. Wenn wir darüber nicht mal im Konfirmandenunterricht geredet hätten, wäre der potenzielle Konflikt bei mir gar nicht aufgetaucht. Meine Mutter hat wohl immer gehofft und alles daran gesetzt, dass mir nicht das Gleiche passiert wie ihr. Deswegen haben mich meine Eltern so erzogen wie sicher einige in der DDR: »Das können wir hier, in der Familie, bereden. Das kannst du hier sagen. In der Schule musst du was anderes sagen.« Das war so eine Selbstverständlichkeit. Ich wurde also konfirmiert und ging zur Jugendweihe, wie es zu der Zeit für viele Normalität war. Bei Pfarrerskindern hat man noch akzeptiert, dass sie nur eines machen, bei vielen anderen aber nicht mehr. Für mich war das allerdings gar nicht die Frage, sondern es war selbstverständlich, beides zu machen.

War meine Familie eigentlich politisch? Mir erschien es damals nicht so. Allerdings: Mein Vater war glühender Verehrer von Franz Josef Strauß. Und bei uns durfte kein DDR-Fernsehen gesehen werden. Irgendwann habe ich mir das selbst erkämpft, indem ich argumentierte, ich müsse für die Schule wissen, was in der Aktuellen Kamera läuft. Politik der DDR und der Widerstand dagegen haben zu Hause keine Rolle gespielt. Beides wurde für mich erst ein Thema, als ich in der Jungen Gemeinde war, die einerseits sehr fromm und andererseits eben auch sehr politisch war.

Als Schülerin in der DDR war mein Gefühl: Ich will den Staat gar nicht verlassen, ich will ihn verändern und verbessern. Nur über den Weg war ich mir nicht klar. Viel Orientierung hat mir in dieser Zeit meine Deutschlehrerin gegeben, eine wunderbare ältere Frau, die einige wenige von uns zu einem Literaturzirkel einlud. Dort lasen wir alte Texte, neue Texte, verbotene Texte, von denen wir nicht wussten, dass sie verboten waren. Sie war eine Freundin von Christa Wolf und hatte Texte von ihr, die nicht veröffentlicht werden durften. Ich habe das aber erst viel später verstanden, dass sie mitunter auch unveröffentlichte Texte eingestreut hat. Da war sie leider schon tot und ich konnte sie nicht mehr fragen, welche Texte es eigentlich genau waren.

Diese Lehrerin jedenfalls hat irgendwann zu mir gesagt: »Ich weiß, du wolltest immer schon Lehrerin werden, aber das wird nichts. Das kannst du nicht, du kannst nicht den Kindern was anderes erzählen, als du selber denkst und glaubst.« Und weil ich in Naturwissenschaften blöd bin, wären Deutsch und Geschichte eben die Fächer gewesen, die ich unterrichten wollte. Aber das wäre nur mit der sozialistischen Brille gegangen und all dem, was dazu gehört. Ich habe drei Wochen geheult und dachte, mein ganzer Lebenstraum sei zerstört, denn ich wollte seit der ersten Klasse Lehrerin werden. Auch meine Mutter war außer sich. Wir haben lange überlegt und gegrübelt, was ich denn jetzt stattdessen tun solle. Letztlich habe ich das gemacht, was viele taten, die ein bisschen jenseits der staatlichen Doktrin waren und nicht Briefträger wurden oder auf dem Friedhof arbeiteten: Ich habe Theologie studiert. Theologie war ein tolles Studium Ende der achtziger Jahre. Ich habe mich beispielsweise ein Jahr lang fast nur mit feministischer Theologie beschäftigt. Auch haben wir Theater gespielt. Beendet habe ich das Studium dann nicht, denn da kam die Wendezeit dazwischen.

Das war schon eine große Zeit in Leipzig und es gab die Oppositionsgruppen, die Solidarische Kirche, Frauen für den Frieden – das waren die Orte, an denen ich unterwegs war und wo man viel lernen, erfahren, erleben konnte.

Trotz meines Studiums und meines späteren Engagements in der Kirche lerne ich natürlich immer wieder dazu. Vor ein paar Jahren zum Beispiel habe ich ein Kinderbuch über Frauen in der Bibel ins Deutsche übersetzt. Überraschend, wie sich einem durch so etwas plötzlich neue Sichtweisen eröffnen. Natürlich kannte ich Ruth und hatte viel über ihr Leben nachgedacht. Aber erst dank dieses Kinderbuchs ist mir zum ersten Mal Lydia aufgefallen: eine Händlerin, die als selbstbewusste Frau nicht nur ihren Laden im Griff hatte, sondern in der Gesellschaft eine große Rolle spielte. Und das machte sie völlig eigenständig in einer Zeit, in der man sich das kaum vorstellen kann. Diese Lydia gab es vorher in meinem Leben nicht, ich war erstaunt, weil ich immer dachte, alle Frauen in der Bibel seien schon mal bei mir aufgetaucht. Über alle möglichen anderen, die Maria und die Marta und die verschiedenen Rollenzuweisungen, hatte ich schon mal diskutiert, aber die Lydia ist erst da als Inspiration bei mir angekommen.

Andere Inspirationen fand ich erst über Umwege: Im Frühjahr '89 bin ich das erste Mal in den Westen gereist; es gab für meinen Mann und mich die familiäre Möglichkeit einer Besuchsreise. Erst einige Zeit später haben wir festgestellt, dass Staat und Staatssicherheit wohl fest davon ausgegangen waren oder vielleicht auch ein bisschen gehofft hatten, dass wir wegbleiben. Mein erster Kontakt mit dem westlichen Teil Deutschlands war also der Hauptbahnhof in Kassel – zur damaligen Zeit einer der hässlichsten Orte, den man sich vorstellen kann. Und ich dachte, also wenn das – Siebziger-Jahre-Plattenbau – jetzt der Goldene Westen ist, dann ist das Gold auch schon ganz schön fleckig.

Allerdings war ich auch in Tübingen – und so hatte ich mir die freie Welt vorgestellt: Studenten, die auf dem Marktplatz saßen, aus Flaschen Wein tranken und Gitarre spielten. Dort gab es auch die erste West-Buchhandlung, die ich besuchte, ein Frauenbuchladen. Ich habe mein Geld komplett in dieser Buchhandlung ausgegeben, manche dieser Bücher begleiten mich immer noch: »Wenn du geredet hättest, Desdemona. Ungehaltene Reden ungehaltener Frauen« von Christine Brückner, die vermutlich alle in meiner Generation kennen. Das Buch ist immer noch im Bücherregal, das bleibt. Allein die Rede von Katharina Luther, die beschreibt, dass Luther immer gesagt hat: »Katharina, wir müssen das Dach decken« und meinte, dass sie das Dach decken soll …

Als mich der Kirchentag fragte, ob ich 2011 in Dresden seine Präsidentin werden wolle, war das für mich eine Mischung aus Bitte, Angebot und vor allem ein sehr großes Geschenk. Die Präsidentin muss eine solche Organisation nicht nur nach außen vertreten können, sondern vor allem die Menschen mitreißen. Der Kirchentag gehört zu den größten zivilgesellschaftlichen Organisationen, da geht es um die Fragen der Welt, um Politik, um Frieden, um Gerechtigkeit, um die Bewahrung der Schöpfung. Es ist eine spirituelle Veranstaltung. Diese beiden Seiten des Kirchentages – die politische und die spirituelle – machten die Anfrage zu einer der großartigsten, die ich je bekommen habe.

Ich habe versucht, dem Kirchentag ein modernes und leidenschaftliches Gesicht zu geben, das nach vorne weist. Es waren fantastische Tage mit vielen kleinen und großen Erlebnissen, Ereignissen an die man sich einfach gern erinnert.

Der »politische« Teil des Kirchentags war mir wichtig – und ich habe gerne Schwerpunkte gesetzt, beispielsweise zum Thema Ökologie –, ebenso die Fragen von Frieden und Gerechtigkeit. Mir war außerdem sehr wichtig, dass wir auch einen Raum für spirituelles Erleben anbieten. Ich hatte den Eindruck, es gibt immer mehr Kirchentagsbesucher, für die der Kirchentag ihre religiöse Sozialisation bedeutet. Die gehen nicht automatisch alle als Kerngemeinde sonntags in den Gottesdienst, sondern der Kirchentag ist für sie dieser Ort. Dann ist es immer gut, wenn man bei Bibelarbeiten oder bei den Gottesdiensten Lieder singt, aber ich fand, man soll eben die Möglichkeit zu spirituellen Erlebnissen haben. Wir haben im Vorstand, zu dem auch Eckhard Nagel, Karin von Welck und Gerhard Robbers gehörten, gemeinsam gesagt, genau dieses Spirituelle wollen wir stärken.

Beim Eröffnungsgottesdienst geschah dann eins meiner schönsten Erlebnisse des Kirchentags. Der hatte das Motto »Da wird auch dein Herz sein« nach Matthäus 6,21: »Denn wo dein Schatz ist, da ist auch dein Herz.« Mit den Teilnehmerinnen und Teilnehmern hatte ich das Handherz geübt, das das Bildzeichen dieses Kirchentags war. Es war ein recht grauer Tag und wir waren alle ein wenig enttäuscht, weil schönes Wetter angesagt war. Aber in dem Augenblick, als ich mit meinen Händen das Herz nach oben gehalten habe, sodass alle 100 000 Menschen, die vor der Bühne waren, das gemeinsam machen konnten, brachen die Wolken auf und durch meine Hand ist ein Lichtstrahl gegangen. Ich selbst konnte das nicht sehen, aber es ging ein Raunen durch die Menschen auf der ganzen Wiese. Erst Stunden später habe ich den Grund des Raunens erfahren – ich bekomme heute noch Gänsehaut, wenn ich das erzähle. Welch tolles Zeichen, dass genau in dem Augenblick, in dem es um den Kern der Sache geht, das Licht dazu kommt. Alles in allem natürlich einfach nur ein Windhauch, der diese eine Wolke im für uns rechten Augenblick auseinanderschob.

Ich bin über den Kirchentag mit einer Fahrradrikscha gefahren. Das war einfacher als mit dem Auto. Kleinere Strecken zwischendurch auch mal mit einem Elektroroller, einem Prototyp, den uns der Entwickler geliehen hatte. Es gab für mich unendlich viele Termine, mal hier und dort eine Rede – und dann wieder weiter. Aber durch die Rikscha konnte ich mit vielen Leuten reden, die unterwegs waren, sich erholten oder gerade Veranstaltungen besuchten.

Der Dresdner Kirchentag ist auch deswegen vielen in Erinnerung, weil er in einem Bundesland stattfand, das wie die anderen neuen Bundesländer eine hohe Säkularität aufweist, und zugleich genau da total zu Hause war. Ich habe die Polizei besucht, die mich fragte, ob ich nicht einen Rundflug über den Kirchentag mit ihnen machen wolle. Sicherheitsfragen, dachte ich, okay, das ist auch deine Aufgabe als Präsidentin, vielleicht wird es Probleme geben. Das Gegenteil war der Fall, es gab gar keine Probleme, die hatten viel zu viel Polizei vor Ort. Sie wollten mir zeigen, nicht wie problematisch, sondern wie friedlich es ist!

Am Montagmorgen musste ich recht früh zur Sitzungswoche des Bundestags nach Berlin und fuhr mit dem Taxi zum Bahnhof. Der Taxifahrer erzählte: »Das war das beste Himmelfahrtswochenende, was wir je hatten.« Ich fragte, warum, er antwortete: »Es war so ruhig, die Leute waren so freundlich.« Wir kennen das alle vom Kirchentag, aber der Taxifahrer, der vorher wohl gedacht hatte: »Um Gottes Willen, was kommt da auf mich zu« – der ist ein echter Botschafter des Glaubens geworden!

II

Was mich bewegt

Thematisches

Mehr als bloße Kuschelideen

Über Engagement

Manchem mag der Begriff »Engagement« altbacken vorkommen. Er erinnert ein wenig an vergangene Zeiten und Ideale, an die politisierten sechziger Jahre, an Jean-Paul Sartre und weltweite Befreiungsbewegungen. Heute dagegen, da ist man »vernetzt«, nicht »engagiert«. Die Vernetzung in den sogenannten »sozialen Netzwerken« hat mit Engagement im eigentlichen Sinne aber nicht mehr viel zu tun. Sobald es schwierig wird und ein virtueller Kontakt einfach nichts mehr bringt, klickt man eben weiter, woanders hin. Die sozialen Netzwerke sind schein-sozial, denn sie ermöglichen soziale Kontakte ohne Verantwortung und Nachhaltigkeit. Hier kann man Teil einer Gesellschaft sein, ohne im echten und eigentlichen Sinne daran teilzunehmen.

Diese Unverbindlichkeit im virtuellen sozialen Miteinander scheint hervorragend zu dem zu passen, was oft »Ego-Gesellschaft« genannt wird. Dort sucht angeblich jeder nur sein eigenes, persönliches Glück. Das scheint jenen Recht zu geben, die den Egoismus zum politischen Programm erklären. Ich finde, die Behauptung, der Mensch handele aus schlichtem Eigeninteresse, macht nicht nur schlechte Laune, sie ist einfach – trotz aller ökonomischen Verteilungskämpfe – auch falsch. Alle denken nur an sich und jeder ist sich selbst der Nächste? Meine Erfahrung ist eine völlig andere, und ich habe nicht das Gefühl, dass wir in einer Gesellschaft aus lauter »Ichlingen« leben.

Oft habe ich einen schier grenzenlosen Willen, sich einzubringen, erlebt. Zum Beispiel bei Kirchentagen. Der Kirchentag ist eine Bewegung aus lauter freiwillig Engagierten, und ich bin wirklich erstaunt, wie da Tausende unentgeltlich mithelfen, mitorganisieren, das große Ganze mitwuchten, um dann am Ende während des Kirchentags auf einem Turnhallenboden zu übernachten. Von den 100 000, die am Kirchentag teilnehmen, sind die Hälfte als Mitwirkende dabei, als Mitglied einer Projektleitung, die Veranstaltungen geplant haben, als Bläser oder Sängerinnen, mit einem Stand auf dem Markt der Möglichkeiten, als Anbieter einer Gottesdienstwerkstatt … Kirchentag ist eine Bewegung, die von denen getragen wird, die ihn zu ihrer Sache gemacht haben – und auch machen konnten. Es berührt mich, das auf jedem Kirchentag so hautnah zu erleben, und ich empfinde es als ein großartiges Geschenk.

Von wegen »Egogesellschaft«. Von wegen »Engagement ist retro und out«. Der Deutsche Evangelische Kirchentag ist keineswegs die spektakuläre Ausnahme, welche die Regel bestätigt. Engagement für soziale Zusammenhänge, für andere, gibt es in diversen Formen. Es gibt den Sportverein, wo junge Fußballer die noch jüngeren trainieren, die pensionierte Lehrerin, die regelmäßig nach Polen fährt, um dort Deutsch zu unterrichten, die Schülerinitiative, die ein Kröten-Biotop pflegt, den Angestellten, der nach Feierabend Menschen am Lebensende besucht und ihnen Zuwendung schenkt.

Unter diesen Menschen sind Vertreter eines jungen urbanen Bürgertums ebenso wie engagierte Hartz IV-Empfänger, Alleinerziehende und aktive Pensionäre. Gemeinsam ist ihnen, dass sie auf die aktuellen Unsicherheiten nicht ängstlich und strukturkonservativ, sondern neugierig antworten. Nicht zuletzt junge Familien mit unterschiedlichen Familienmodellen – ob in den Großstädten oder in der Provinz – leben ihren Alltag mit einem Willen zur Verantwortung. Sie organisieren Vereinsarbeit und Bürgerinitiativen, tragen die Elternräte in der Schule, sind Jugendfußballtrainer und vieles mehr. Ihr Lebensglück definieren sie nicht allein über ihr privates Glück, sie haben Freude am Engagement für andere und mit anderen und denken immer auch ans große Ganze. Von blindem Egoismus keine Spur!

Soziales, zwischenmenschliches Engagement gibt es in so vielen Formen, dass einem die neoliberale Unterstellung, dass alle nur noch an sich denken, weltfremd und absolut zynisch vorkommt.

Was macht freiwilliges, soziales Engagement attraktiv? Warum geben Menschen Lebenszeit und -energie her, ohne dafür Lohn und Brot zu bekommen? Oft im Gegenteil: Wenn sie können, investieren sie auch eigenes Geld. Nun, man sollte die freiwillig sozial Engagierten nicht überhöhen, indem man sie zu modernen Heiligen erklärt, die ihre von Gott geschenkten Gaben einfach an die Mitmenschen weitergeben – als reine Gabe, die nichts zurückverlangt. Trotz meines Optimismus als Evangelische glaube ich nicht, dass alle Engagierten von 1. Petrus 4,10 angestiftet wurden, wo es heißt: »Dient einander, ein jeder mit der Gabe, die er empfangen hat, als die guten Haushalter der bunten Gnade Gottes.« Menschen, die sich freiwillig sozial engagieren, tun dies sicherlich vor allem aus der bloßen Freude am Miteinander und am Gutes-Tun. Aber sie wollen und bekommen auch etwas zurück. Und das mit gutem Recht. Sie wünschen sich eben auch Anerkennung, Wertschätzung und genießen das Gefühl, gebraucht zu werden. Und es macht ihnen Freude, sich selbst zu entfalten. Es ist deshalb auch völlig okay, wenn sie das freiwillige Engagement im Lebenslauf für die Bewerbung unterbringen und sich öffentliche Wertschätzung erhoffen. Aber natürlich geht soziales Engagement nicht in diesem Tausch – »Engagement gegen Anerkennung« – auf. Natürlich ist es nicht ein sozusagen sozial maskiertes Eigeninteresse. Es schafft eben auch einen Raum, in dem die Regeln des ökonomischen Alltags ein bisschen außer Kraft gesetzt sind. Es eröffnet gewissermaßen einen Raum des Außerökonomischen und des Preislosen. Ich glaube, dass es nicht zuletzt das ist, was das freiwillige, soziale Engagement heutzutage für viele Menschen so attraktiv macht: In einer zunehmend durchökonomisierten Welt sehnen sich Menschen nach einer Sphäre, in der nicht immerzu nach Wert und Gegenwert gefragt wird. In der es nicht nur um den persönlichen Profit geht. Nach einem Bereich, in dem nicht immerzu die Frage »Was bringt mir das?« gestellt wird! Wo man einfach so für andere etwas tut.

Verantwortung und Engagement sind mehr als bloße Kuschelideen für Idealisten. Es sind Ideen, die neue Fakten und Realitäten schaffen, weil sie unsere Gesellschaft verändern und gestalten. Wer sich engagiert, schafft sozialen Zusammenhalt und Teilhabe. In einer Gesellschaft, die an vielen Stellen immer brüchiger wird und in der das Problem mangelnder »Integration« bei weitem nicht nur – wie von allseits und hinreichend bekannten Stimmen behauptet – Migrantinnen und Migranten trifft, ist das soziale Engagement für andere und mit anderen ein politisches Tun mit ganz handfesten Nebenwirkungen. Es füllt das, was wir abstrakt »Demokratie« nennen, mit Leben. Denn es lebt Werte und schafft so Zusammenhalt und Solidarität im Kleinen und Großen. Es schafft Zusammenhänge gegen die Vereinzelung, es schafft Gemeinschaftserfahrungen und ein Gefühl des Miteinanders.

Auszug aus der Angst

Über Freiheit und Mut

Was prägte, was veränderte die Christenheit weltweit bis heute, woran sich andere Religionen reiben und orientieren? Etwas, das die Welt freier machte und Menschen in ihrer Freiheit, Mensch zu sein, nicht mehr an die Obrigkeit verwies. Es geht um den Auszug aus der Angst vor dem Diesseits und dem Jenseits, es geht um die Möglichkeit, frei zu sein von Angst. Welch eine Sensation! Bis heute. Es geht also um Mut, darum, »bei dem zu bleiben, was dein Herz dir rät«, wie es Jesus Sirach formuliert.

Es geht um Einkehr bei Gott und es geht um die Verantwortung in der Welt. Und vielleicht muss man sagen: Es geht auch um den Mut, keine Angst vor denen zu haben, die Angst machen wollen. Wir sind frei, denn wir wissen um den gnädigen Gott. Viele biblische Texte handeln davon: vom Sehen und Gesehenwerden, vom Wahrnehmen und Wertschätzen. Davon, dass Gott uns sieht und mit uns geht. Zum Beispiel

Psalm 139,13ff: »Denn du hast meine Nieren bereitet und hast mich gebildet im Mutterleibe. Ich danke dir dafür, dass ich wunderbar gemacht bin; wunderbar sind deine Werke; das erkennt meine Seele. Es war dir mein Gebein nicht verborgen, als ich im Verborgenen gemacht wurde, als ich gebildet wurde unten in der Erde. Deine Augen sahen mich, als ich noch nicht bereitet war, und alle Tage waren in dein Buch geschrieben, die noch werden sollten und von denen keiner da war. Aber wie schwer sind für mich, Gott, deine Gedanken! Wie ist ihre Summe so groß! Wollte ich sie zählen, so wären sie mehr als der Sand: Am Ende bin ich noch immer bei dir.«

Wer so beten kann, der weiß sich Gott ganz nah. Du hast mich gemacht, mir das Leben geschenkt. Du hast mich schon gesehen, gedacht, gewollt, ehe ich bereitet war. Wer so betet, der fühlt sich Gott verbunden. Untrennbar. Aber ja auch irgendwie unentrinnbar. In den Versen 7 bis 10 zuvor heißt es: »Wohin soll ich gehen vor deinem Geist, und wohin soll ich fliehen vor deinem Angesicht? Führe ich gen Himmel, so bist du da; bettete ich mich bei den Toten, siehe, so bist du auch da. Nähme ich Flügel der Morgenröte und bliebe am äußersten Meer, so würde auch dort deine Hand mich führen und deine Rechte mich halten.«

Ist es also ein Gott, der übermächtig ist, der alles kann und alles immer schon geregelt und festgelegt hat? Oder ein Gott, der gestaltet und entwirft, um dann den Menschen in Freiheit zu entlassen? Ist es ein Gott, der immer schon da ist, wie bei Hase und Igel, und vor dem man nicht auch mal ein kleines Geheimnis haben kann? Oder ein Gott, der liebevoll umfängt, der als Grundmelodie mitschwingt und dem man einfach nicht verlorengehen kann?

Gott ist da, immer. Und los wird man ihn nicht. Aber natürlich ist man frei, ihn von sich zu weisen, sich abzuwenden. Ihn zu vergessen – oder das wenigstens zu versuchen. Mancher hat sogar vergessen, dass er ihn überhaupt suchen könnte. Man muss nichts mit ihm zu tun haben. Und dennoch bleibt er und geht mit. Und sollte man je nach ihm suchen, sollte man sich wieder stärker nach ihm sehnen als zu anderen Zeiten, dann ist seine ausgestreckte Hand schon da.

Oder hat sich Gott versteckt? Ist Gott ins Verborgene gegangen, in dieser Welt? Ist er in einer Welt, die wir nicht erreichen können? Sieht Gott alles? Und wie erklären wir das unseren Kindern?

Wir saßen zusammen, mein Sohn, seine Frau und ich und haben uns gefragt, was wir wohl einer Sechsjährigen sagen, wenn sie fragen würde, ob Gott alles sieht. Wir haben uns auf folgende Antwort verständigt: Klar kann Gott alles sehen, aber er interessiert sich bestimmt nicht für alles, was wir so machen. Über weitere Nachfragen haben wir nicht geredet …

Gott sieht meine Seele, das vor allem, mehr wohl

als alle, mehr als ich selbst. Ja, das ist schon irgendwie unheimlich. Aber es ist ja auch eine Entlastung. Ich muss mich gar nicht erst schön anziehen oder mir eine kluge Predigt ausdenken, um Gott unter die Augen treten zu können. Ich muss mich nicht erst per Selfie ins beste Licht vor atemberaubender Kulisse setzen und das dann posten. Alles nicht nötig. Gott sieht direkt bis auf der Seele Grund. Und er sieht uns liebevoll an dabei.

Auch wenn ich mich eigentlich verkriechen möchte, verstecken möchte oder weglaufen – er ist da in aller Not und Unsicherheit und Angst. Er hält seine Hand schützend über uns. Er ist und bleibt, egal was wir tun. Pickel in der Pubertät, fiese Gedanken gegen den Nachbarn oder gegen die Mitbewerberin, egal.

In Psalm 139 klingt eine Ambivalenz an, die mancher nur zu gut kennt: Wir wollen für uns sein und geschützt vor fremden Blicken. Aber wir tun viel dafür, gesehen zu werden statt übersehen. Wir wollen gern An-sehen haben. Und genau das sagt der Psalm zu. Wenn wir also den Gedanken fallen lassen können, Gott hielte uns womöglich in vorherbestimmter, unterdrückender Unfreiheit – dann wird der Raum groß fürs Staunen über Gott.

Denn wir sind durch ihn wunderbar gemacht. Er formte uns im Mutterleib, er hat unsere Nieren bereitet. Dort sitzt nach der Vorstellung des Alten Testamentes die Seele. Er hat sie bereitet, unser Innerstes also.

Er macht uns zu dem, wie wir sind und was wir sind. Man kann Vers 13 auch so übersetzen: »Kunstvoll hast du mich gewoben im Leib meiner Mutter.« Kunstvoll gewoben! Das ist mehr als die Verkettung von Molekülen. Denn der Mensch ist so unendlich mehr als die Informationen, die seine Gene tragen. Jede und jeder Einzelne ist genau richtig, so wie er geworden ist. Das darf uns wieder einfallen, wenn wir hadern mit uns – die Nase schief und die Füße zu groß. Das darf uns auch einfallen, wenn wir den anderen sehen, der sich selbst nicht erträgt, der unerträglich ist. Das kann tragen vor allem in Stunden von Selbstzweifel und großer Unsicherheit. Die Zusage, dass ein jeder richtig ist und wunderbar, ist der starke Widerspruch gegen alle, die meinen, Minderheiten ausschließen zu sollen, eben weil sie anders sind. Und es ist der Anspruch, gerade nicht unsere Maßstäbe anzusetzen im Urteil darüber, was gelungen ist und lebenswert scheint. Das ist nicht leicht zu ertragen. Es gibt schließlich ziemlich viele, die ich nicht leiden, nicht riechen kann, die ich unfassbar stupide finde. Soll ich wirklich glauben, dass Tausende von Fremdenfeinden auch unter diese Kategorie fallen?

Er hat uns erdacht und gemacht, doch dann sind wir frei, das ist, was uns Gott lehrt, was die Reformatorinnen und Reformatoren beschreiben. Dieser gnädige Gott, der gnädig bleibt, auch wenn wir größten Unsinn reden oder Schlimmes tun. Aber wir sind eben frei. Frei zu handeln und zu versagen, frei zu lieben und zu hassen. Und darin sind wir auch frei: zu widersprechen. Nein, ich muss den Feind des Fremden nicht in die Arme schließen. Ich darf ihn sogar anschreien. Ich lasse mich nicht klein machen, wenn er auf meiner Facebook-Seite seinen Hass hinterlegt. Und somit muss ich widersprechen und dagegen halten, wenn jemand glaubt, es sei seine Freiheit, andere zu erniedrigen. Das ist die Bürde, das ist die Aufgabe – und das ist eben der Preis des Freiseins. Nicht gottverlassen, aber eben doch verantwortlich.

Gott sah uns, noch bevor es überhaupt eine Ultraschallaufnahme von uns gab. Gott liebte uns, noch ehe unsere Eltern das taten und die Menschen, denen wir uns zuwenden und von denen wir uns erkennen lassen wollen. Wir werden durch Gottes Blick. Gott sieht uns an – und wir werden. Das war am Anfang so und kann uns durchs Leben tragen, denn es geschieht immer wieder. Er sieht uns an: liebevoll, mitfühlend, ermunternd, bestimmt mal völlig verständnislos. Und ob Gott wohl wütend sein kann, über seine Menschen? Zumindest über einige?

»Wunderbar sind deine Werke; das erkennt meine Seele.« Wir sind wunderbar gemacht und stehen staunend vor allem. Wie es funktioniert. Wie schön es ist. Und auch davor, was uns alles geschenkt ist und was wir vermögen. Gott sieht in allem Unfertigen schon das Ergebnis. Auch wir können für möglich halten, was noch nicht sichtbar ist. Michelangelo wird nachgesagt, er habe, gefragt, warum er sich mit diesem Felsbrocken abmühe, geantwortet: Ich sehe darin einen Engel und ich will ihm zum Vorschein bringen. Sehen wir also mitten hinein! Halten wir das Gute für möglich in allem Vorläufigen und Defizitären. Selbst noch im Schrecklichen? Wagen wir den Weg, bis der Engel zum Vorschein kommt und damit wird, was werden kann. Wir können die Welt mit anderen Augen sehen. Mit Gottes Augen.

Ich kann genau hinsehen und dorthin gehen, wo ich gebraucht werde. Ich kann das Notwendige tun, das, was die Not wendet, statt die Augen davor zu verschließen. Denn Gott ist mit mir auf dem Weg, durch Dick und Dünn, von allem Anfang an und bis zum Ende.

Und zugleich: Gott ist auch da, wo ich nicht wage hinzusehen, wo meine Kraft klein bleibt und mein Blick gesenkt. »Aber wie schwer sind für mich, Gott, deine Gedanken!«, heißt es in Psalm 139. Gottes Gedanken sind groß, in der Summe zu groß. Wir können die Welt nicht begreifen, heute weniger denn je. Aber vielleicht halten wir für möglich: dass er da ist, auch wenn wir gerade nicht sehen können, wo eigentlich. Auch wenn wir kaum glauben können, dass das alles wunderbar gemacht ist, wenn die Welt aus den Fugen ist; wenn wir es weder fassen noch begreifen können, so ist er doch da. Auch dann. Selbst dann.

Gott hat uns gemacht, jede und jeden Einzelnen. Er hat keine Schubladen für uns, für unsere Seelen, er hat uns bei unserem Namen gerufen.

Zappeln im Netz

Über die digitale Revolution

Abends, im Winter, wenn die Bäume vor dem Haus keine Blätter tragen, kann ich in das Zimmer der Nachbarn von gegenüber schauen. Ich kenne sie nicht. Aber ich kenne ihre Einrichtung, ihre Lampen und die Gewohnheit, am Abend die Zeitung am Tisch und ein Buch im Sessel zu lesen. Sie haben keine Gardinen. Sie schützen ihr Wohnzimmerleben nicht vor Blicken, ich kann sehen, wie sie sich abends über die Fernsehzeitschrift beugen.

An vielen Tagen liebe ich die Fülle der Informationen, unter denen ich wählen kann. Ich lese in der Bahn auf dem Tablet, was in den Feuilletons steht. Ich erfahre, was Leuten wichtig erscheint, die ich wichtig finde. Ich weiß nicht, ob ich neugieriger bin als andere oder mitteilsamer. Aber ich weiß ganz sicher, dass ich nicht Google bin und das Ergebnis meiner Neugier nicht die Vermarktung und Vermachtung von Daten ist. Ich lege keine Dossiers an und speichere keine Daten. Ich will gern vieles wissen (können), aber ich will nicht gewusst werden. Ich will nicht preisgeben, was meines ist, aber wenn schon, will ich wissen, wer mich weiß.

Nun argumentieren viele, dass es ja die Menschen selbst sind, die alles über sich erzählen und ins Netz stellen, sich faktisch selbst versklaven. »Meine Seele ist gefangen im Netze des Vogelfängers, das Netz ist zerrissen und wir sind frei«, wie es in Psalm 124 heißt. Bin ich erst wieder frei, wenn das Netz zerreißt, wenn es einen Defekt hat, wenn die Verbindung gekappt wird? Ist nur ein zerstörtes Netz ein gutes Netz? Wir wollen es doch auch gebrauchen: Früher stellte man sich ins Amphitheater, um von allen gesehen und gehört zu werden. Oder man stellte sich in der Speakers' Corner auf eine Kiste. Da sah man das Publikum und seine Reaktion. Später ging es um Einschaltquoten, und heute geht es um Likes und Shares. Wo genau ist also der Unterschied? Liegt er allein darin, dass es mehr Menschen sind, die sehen können, was andere mitzuteilen haben? Liegt er darin, dass da etwas, von dem wir nichts wissen – eine anonyme Riesenmaschine – unsere Daten sammelt in einer Art ewigem Gedächtnis und bei passender Gelegenheit auswertet?

Das Netz, ein monströser Krake, in dessen Tentakeln wir alle hilflos zappeln? Wenn man sich die Zahlen anschaut, muss man auf diesen Gedanken kommen. Die mobile Internetnutzung liegt global fast bei einer Milliarde Usern, über eine Milliarde Menschen nutzen monatlich Facebook, und Youtube erreicht in den Vereinigten Staaten von Amerika mehr Erwachsene im Alter von achtzehn bis vierunddreißig als jeder andere Broadcaster beziehungsweise Kabel-TV-Sender. Unser alltägliches Verhalten bestätigt, dass die Macht von außen kommt: Anstatt bei der Buchhändlerin um die Ecke einzukaufen und mit ihr bei einem kleinen Plausch über die neueste Lyrik oder den besten Krimi zu fachsimpeln, lassen wir uns von anonymen Algorithmen durchs Netz lotsen und uns von Amazon beraten. Amazon hat im Jahr 2013 einen Umsatz von 10,535 Milliarden Dollar in Deutschland erwirtschaftet.

Wer glaubt, in den sozialen Netzwerken sei vor allem die Jugend unterwegs, täuscht sich. Untersuchungen zeigen, dass die Gruppen im Alter von fünfundvierzig Jahren an die am stärksten wachsenden Nutzer-Segmente sind. Sie und die noch älteren »Silver Surfer« sind mit der Welt verbunden, mit den Schulkameraden von früher und lesen oft mit bei den Enkeln.

Die Zahlen und erst recht das (unvollkommene) Wissen um die Verknüpfung von Daten und Dateien legen nahe, dass im Netz Marktmacht alles, der Einzelne wenig ist. Die digitale Revolution – aufgefressen vom Kapitalismus? So einfach ist es nicht, denn wir sollten nicht vergessen, dass sie reale politische Umstürze erst möglich gemacht hat, ob in Nordafrika oder in der Ukraine. Es gehört schon ein gutes Stück westlicher Überheblichkeit dazu, diese politische und subversive Dimension einfach auszublenden, indem man die Geschichte des Netzes nur noch als eine Geschichte zunehmender Kontrolle und Unfreiheit, als Geschichte wirtschaftlich gesteuerter Interessen und kommerzieller Überformung schreibt.

Wie hat denn die Majdan-Opposition, wie die Grüne Revolution in Iran, wie der arabische Frühling seine Botschaften verkündet, sich Unterstützung gesucht und sie gefunden?! Das Internet ist auch ein Instrument der Selbstermächtigung, das ganz praktisch der Demokratisierung nicht nur der Massenkommunikation, sondern auch der gesellschaftlichen und politischen Organisationsform selbst genutzt hat. »The Revolution will not be televised«, sang Gil Scott Heron. Das stimmt heute nicht mehr, jeder kann sich die Revolutionen im Plural auf Youtube anschauen. Weil es im Netz eben nicht nur einen Programmdirektor gibt. Gemacht werden muss die Revolution natürlich weiterhin auf der Straße, aber auf Twitter steht immerhin, auf welcher. In der revolutionären Situation gehört das Netz der Bürgergesellschaft.

Von wegen Ohnmacht. Die Schriftstellerin Eva Menasse sagte einst bei einer Veranstaltung der Grünen im Bundestag zu digitalen Bürgerrechten, was sie nicht mehr wolle, sei dieses fatalistische »Man kann ja doch nichts machen«. Eva Menasse hat recht: Das

Netz ist kein Imperium ohne Außen, sondern ein Möglichkeitsraum, in dem Einzelne Gegenmacht von unten aufbauen können. Man denke an die feministische »#aufschrei-Kampagne« oder den bildblog, der den »Enteignet Springer«-Schlachtruf aufgenommen und subversiv digitalisiert hat.

Die Mittel der Kontrolle und Überwachung sind zugleich die Mittel der Freiheit. Es gibt nicht die eine große Verschwörung, denn die Macht muss nicht bei einer Gruppe liegen, sie muss weder oben noch unten konzentriert sein. Sie ist immer in Bewegung, wenn wir sie in Bewegung bringen. Diese Verflüssigung ist die große Möglichkeit an den neuen digitalen Verhältnissen. Die »Halbgötter in Weiß« etwa werden heutzutage von Patienten genervt, die dank des Netzes mehr Detailwissen über bestimmte Krankheiten haben und sich so gegen zu einfache und zu gesponserte Methoden wehren können.

Die Frage ist, ob wir die Macht aus der Hand geben oder ob wir sie nutzen. Die Frage ist, ob wir als Bürgergesellschaft im Netz staatliche Kontrolle verlangen und zugleich staatlichen Schutz vor unsäglicher Schnüffelei durch Geheimdienste und Abgreiferei durch Mega-Unternehmen fordern. Wir sind es, die eine Geheimhaltung unserer Geheimnisse verlangen können und sollten und müssen!

Das vergangene Jahrzehnt war in Europa geprägt durch das Auf und Ab der Wirtschafts- und Finanzkrisen. Sosehr wir uns mit der Regulierung von Banken und Spielregeln für die Märkte befasst haben, so wenig hat die Mehrheit der Parteien sich darangemacht, die Kontrolle und die Spielregeln des Netzes auf die Tagesordnung zu setzen. Solange Konzerne und Geheimdienste machen können, was sie wollen, werden sie es tun. Reagieren reicht nicht mehr. Macht und Schönheit der Digitalisierung kommen von unten.

Wir brauchen Regulierung bei den großen ökonomischen Playern. Hier geht es darum, dass die Bürger ihre Staaten in die Pflicht nehmen. Aber wir brauchen genauso Verkehrsregeln für jedermann. Vielleicht geht es um so etwas wie Mülltrennung im Netz: Regeln für ein korrektes Verhalten, die – ähnlich wie bei der Mülltrennung – durch Selbstverpflichtung und Überzeugungsarbeit funktionieren. Das ist mehr als die bloße Netiquette, die auf Goodwill basiert, es ist ein common sense. Und es braucht eine Politik, die klare Regelungen setzt. Denn einfach nur das Recht des Stärkeren kann keiner wollen. Diese Regulierung des Netzes geht nur transnational oder zumindest: europäisch. Dies ist zugleich eine Absage an nationalistische Populisten, die in dieser Kategorie nicht denken können oder wollen.

Bleibt am Menschen nicht immer etwas übrig, das so unberechenbar ist, dass selbst der komplexeste Algorithmus an seine Grenzen stößt? »Facebook sagt mir, wer ich bin; Amazon sagt mir, was ich will; Google sagt mir, was ich denke«, schrieb der Internet-Vordenker George Dyson. Aber wie determiniert und durchgerechnet ist der zwanzigjährige Student, der für seine Oma immer im Versandhandel Haftcreme bestellt und deswegen vom Algorithmus Rosamunde-Pilcher-Romane vorgeschlagen bekommt? Im Internet handeln Menschen wie im echten Leben auch: Oft genug wider jeden (ökonomischen) Nutzen und abseits jeder Steuerung, sie tun vollkommen irrationale Dinge ohne Rücksicht auf Sinn oder Reputation. Warum sonst teilt man dann doch das Katzenbaby-Video oder macht betrunken den Selfie?

Dieser Rest – als Ironie, Obsession oder bloß sinnlos vorübergehende Laune – macht das anarchische, dionysische Moment des Netzes aus. Selbst der noch so kontrollierte *homo oeconomicus* hat bei allen Zwängen immer noch die Möglichkeit, willkürlich zu handeln – weil er liebt, weil er hasst, weil er kämpft, weil ihm halt gerade danach ist oder auch nicht. Der Mensch in seiner Unperfektheit hat alle Möglichkeiten, den nach Perfektion strebenden Algorithmus zur Verzweiflung zu bringen. Da, wo der »digitale Zwilling« gehorcht, ist der echte Mensch kreativer, widerspenstiger, mutiger – oder auch fauler, widersprüchlicher oder mag gerade einfach lieber nicht. Und: Im Netz ist es auf undurchschaubare, unplanbare Art möglich, ökonomische Erfolge zu erzielen, die wichtigste Investition ist dabei die eigene Kreativität, die eine Idee, die viele gut finden. Es kann sein, dass beim »Hochwählen« getrickst wird. Aber auch Crowdfunding funktioniert genau aus diesem Grund.

Dennoch bleibt die zentrale Frage, die Ulrike Ackermann in dem von ihr herausgegebenen Buch »Im Sog des Internets. Öffentlichkeit und Privatheit im digitalen Zeitalter« stellt, nämlich: »ob diese revolutionären Entwicklungen uns einen Zugewinn an Freiheit bescheren oder bisherige Freiräume und Handlungsoptionen einschränken«. Das Netz mag unübersichtlich, chaotisch und ängstigend sein, aber das ist kein Grund zur Klage und Sehnsucht nach apollinischer Ordnung. Zu richten ist allein dort, wo Regeln übertreten werden. Es müssen für alle die gleichen Regeln gelten, die gleichen Zugänge, die gleichen Informationsmöglichkeiten. Wer ins Amphitheater des Netzes gehen und alles zur Schau stellen will, soll das tun. Aber diese Entscheidung muss revidierbar sein.

Gerade macht sich bei vielen die große Enttäuschung breit, die Ernüchterung darüber, dass die Eigendynamik des Netzes nicht automatisch zu mehr Gleichheit und Demokratie geführt hat. In den Untiefen des Netzes geht es nicht nur korrupt und kriminell zu, es kann auch hochgefährlich sein. Aber ein Ausstieg ist nicht möglich, es gibt kein Zurück. Auch die Gesellschaft verändert man nicht, indem man sich selbst genug ist und in den Wald zieht.

Es ist wie beim Gleichnis mit dem Sämann. Drei

Viertel der Saat gingen nicht auf, weil sie auf den falschen Boden fielen. Der Sämann hat es trotzdem probiert, und das eine Viertel, das aufging, hat ihn reich belohnt. Was wir brauchen, ist eine säende Bürgerbewegung für eine Bürgergesellschaft im Netz, für die Aneignung des digitalen Gemeinwohls und gegen die Kontrolle unseres Lebens durch bekannte Unbekannte.

Lachen, tanzen, lieben

Über die Sorge um Morgen und über das Teilen

Ein Bauer lässt zufrieden den Blick über seine Felder schweifen. Er hat alles richtig gemacht, ordentlich gearbeitet, seine Äcker bestellt und gut gepflegt. Er hat auch Glück gehabt mit dem Wetter, Regen und Sonne im rechten Wechsel. Nun steht ihm eine reiche Ernte bevor, der Lohn für seine Mühe. So steht es in Lukas 12, Verse 15–21. Der Bauer ist gestresst. Er kann solche Mengen an Getreide gar nicht lagern. Er muss nun nicht nur die Ernte einbringen, sondern auch noch seine kleinen Speicher abreißen und große Lagerhallen bauen. Das alles noch vor dem Winter. Wird ganz schön aufwendig, aber auch das ist zu schaffen, wenn er sich richtig anstrengt. Und dann, ja dann will er stolz auf seinen Besitz blicken und sich zufrieden zurücklehnen: »Liebe Seele, du hast einen großen Vorrat für viele Jahre; habe nun Ruhe, iss, trink und habe guten Mut!« Man ahnt es schon, so wird das nicht klappen. Lässt sich unsere Seele wirklich sagen: Erst erreiche ich noch dieses und jenes, und dann lege ich den Schalter um und bin guten Mutes? Erst wenn ich ausgesorgt habe, bin ich glücklich? Sind es wirklich gefüllte Kornkammern, die der Seele Nahrung geben?

Und drastisch geht es im Text weiter: »Du Narr! Diese Nacht wird man deine Seele von dir fordern; und wem wird dann gehören, was du angehäuft hast?« Wir wissen wohl, dass das letzte Hemd keine Taschen hat. Wofür also die Speicher füllen bis zum Anschlag? Füllen womit? Wer hat sich das in stiller Stunde nicht schon gefragt: Was ist wirklich wichtig in meinem Leben? Wonach lohnt es sich zu streben? Was möchte ich besitzen und was brauche ich wirklich? Unser Gleichnis endet fast mit einer Drohung: »So geht es dem, der sich Schätze sammelt und ist nicht reich bei Gott.« Was heißt das denn, reich sein bei Gott?

Mir fällt es nicht schwer, den reichen Bauern eigentlich vernünftig zu finden. Erst die Arbeit, dann das Vergnügen – ist doch auch ziemlich protestantisch. Erst einmal die Schäfchen ins Trockene bringen, vorsorgen und sich dann ausruhen. Müssen wir uns jetzt wegen unseres Wohlstands schlecht fühlen, dafür, dass wir uns richtig anstrengen und uns dadurch auch was leisten können? Sollen wir stattdessen Schätze im Himmel sammeln, virtuell, im Jenseits, für irgendwann dann? So natürlich nicht. Natürlich sollen wir unser Leben sichern dürfen. Und daran, etwas zu besitzen, ist an sich nichts falsch. Problematisch wird es wohl, wenn Streben zu Gier wird. Wenn Reichtum Selbstzweck ist, ein egoistisches Anhäufen von Gütern und Geld, womöglich noch auf Kosten anderer. Wenn im Verlangen nach Wohlstand unsere eigene Seele, unsere Nächsten und am Ende Gott keine Rolle mehr spielen.

Der reiche Kornbauer kann sich wohl zurücklehnen, er hat genug zu essen für die kommenden Jahre. Er wird seine Erträge auch verkaufen können, an Geld mangelt es nicht. Aber wonach sehnt sich die Seele? Ist da jemand zum Lachen und Tanzen und Lieben? Ist da jemand in Krankheit und Trauer? Trägt er eine Ahnung im Herzen, dass es mehr gibt als die Frage, wie groß die nächste Scheune sein muss, dass es ein Leben in Fülle gibt, jenseits davon?

Warum eigentlich fragt sich der Bauer nur, wie er wohl das ganze Korn unterbringen soll? Und nicht, ob es vielleicht jemanden gibt, dem sein Überschuss an Getreide zum Leben dienen könnte? Warum verpachtet er nicht Teile seines Ackers, damit andere dort säen und ernten und die Existenz sichern können? Und was ist eigentlich mit den Angestellten des Kornbauern? Haben die gerechten Lohn bekommen?

Reich sein bei Gott und nicht nur irdische Schätze zu sammeln, das heißt wohl, das sprichwörtliche Gute zu tun, gerade mit dem, was man hat und teilen kann. Das heißt, seine ganze Kraft, das ganze Streben nicht nur darauf zu verwenden, selbst glücklich und zufrieden zu sein. Sondern zu tun, was Gerechtigkeit und

Frieden bringt, für mehr als uns selbst. Sich nicht abzufinden mit dem Weniger der anderen, mit deren Leid und Not. Sondern hinzusehen und dagegen zu tun, was uns mit kleiner Kraft gegeben ist.

Schätze im Himmel sammeln heißt, mich leiten zu lassen und auszurichten auf Gott hin und seine Gerechtigkeit. Ja, meine Schätze im Himmel lassen mich ganz und gar bei Gott sein. Das wird mich weniger empfindlich machen, weniger ängstlich gegenüber dem, was mir im Lauf des Lebens widerfährt. Die Frage danach, ob die Ernte im kommenden Jahr wohl auch reich genug ausfällt, wird dann kleiner. Natürlich gibt es das, die Sorge um Morgen. Und wir erleben Schmerz und Trauer, auch unendliche Hoffnungslosigkeit. Aber mit der Ahnung davon, dass es einen geborgenen Ort bei Gott gibt, kann es leichter sein, darin nicht das Ende zu sehen. Und im Verlust von materiellen Dingen, von Schätzen dieser Welt, schon ganz gewiss nicht. Wenn mein Schatz bei Gott ist, dann weiß ich mich dort mit ganzem Herzen. Dann verschieben sich Prioritäten, dann wird anderes wesentlich. Dann muss ich nicht erst Lagerhallen bauen für all meinen Besitz, ehe meine Seele Ruhe finden kann.

»Hütet euch vor aller Habgier; denn niemand lebt davon, dass er viele Güter hat.« Das ist der Satz, um dessentwillen das Gleichnis vom reichen Kornbauern erzählt wird. Gott eröffnet uns die Perspektive, uns nicht von Besitz abhängig zu machen und uns zu ängstigen, Materielles zu verlieren. Er macht uns Mut, unser Herz zu öffnen und den Blick zu weiten für die, die hungern, für die, die mutlos sind, für die, die auf der Flucht sind. Er ruft uns zur Umkehr und zu neuer Orientierung, dazu, himmlische Schätze zu sammeln, damit unser Herz bei ihm Heimat findet.

Wenn wir erkennen, wie reich beschenkt wir sind, heißt es wohl auch, reich zu sein bei Gott. Dazu gehört auch, nicht darüber nachzudenken, wie wir das Erworbene noch vermehren können. Ja, wenn wir staunen über die Fülle der Gaben, die in unserem Leben sind. Und von denen wir auch wissen, dass längst nicht alles unser Verdienst ist. Wir müssen unsere Seele nicht warten lassen, bis die Scheune gefüllt ist bis zum höchsten Rand. Es ist längst mehr als genug und es gibt Grund genug – jetzt zu danken, zu feiern und auch zu genießen.

Und bleiben wir damit nicht bei uns. Der Blick in unsere Kornkammern macht klar: Wir haben von vielem mehr als genug, und es ist nicht wichtig, weiter Schätze anzuhäufen. Wir sind reich genug zu teilen, was wir haben. Doch geben wir nicht nur von unserem Reichtum, von unserem Überfluss, bringen wir nicht nur Kleider in eine Unterkunft und ein Kuscheltier. Teilen wir auch von dem, was uns reich macht und mit dem wir beschenkt sind. Reden wir mit Flüchtlingen, nehmen wir uns Zeit, stellen wir unsere Unterstützung auf Dauer.

Berührung der Unendlichkeit

Über Glück

»Da wohnt ein Sehnen tief in mir« ist eines der Lieder, die mich anrühren. Ich glaube, es hat damit zu tun, dass es nicht das große Glücksgefühl beschreibt, himmelhochjauchzend, Gott lobend und preisend. Es erzählt davon, was glücklich, was frei machen würde, es beschreibt das Ziel: nach Frieden, nach Freiheit und Hoffnung, in Sorge, in Schmerz, ja, auch da noch. Und dann, besser kann man es fast nicht sagen, bitten wir um Einsicht, Beherztheit, um Heilung, um Ganzsein – und vor allem darum, was uns vielleicht noch zum Glück fehlt: Sei da, sei uns nahe, Gott. Geht es auch eine Nummer kleiner?

Der Österreicher Arno Geiger hat in seinem Buch über seinen dementen Vater »Der alte König in seinem Exil« diesen großartigen Satz zitiert: »Das Leben ist auch ohne Probleme nicht einfach!« Das stimmt wohl, und wir Deutschen gelten ja auch besonders als Weltmeister im Unglücklichsein. Bis zum Beweis des Ge-

genteils sind wir ängstlich, gesetzlich und ganz allgemein relativ spaßfrei, als Protestanten ja ohnehin – denken wir also erst einmal über Gott und sein Glück nach. Das lenkt uns ab. Für den Moment.

Gott war glücklich! Ich versuche also, mir Gott als glücklichen Gott vorzustellen. Kann einer glücklich sein, der so viel Scheitern erlebt? Gott, der Frieden will – und die Menschen bekommen es nicht hin. Gott, der Gerechtigkeit will – und die Menschen schaffen es nicht. Gott, der die Schöpfung bewahrt wissen will – und die Menschen strengen sich kaum an. Ich versuche, mir Gott als glücklichen Gott vorzustellen. Gott ist schön, die Menschen sind ja sein Ebenbild, Gott ist reich, er hat uns, die Welt, das All, die Libelle, die Sterne und wohl noch manchen Schatz, den wir nicht kennen können. Gott ist erfolgreich, seit mehr als 2000 Jahren floriert seine Firma alles in allem ziemlich gut. Und Gott bekommt Anerkennung. In den herrlichsten Sätzen wird er angebetet und viele machen sich unendliche Mühe, darin noch besser, noch überzeugender und leidenschaftlicher zu werden. Aber glücklich, das wissen wir aus eigener Erfahrung, macht schön, reich, erfolgreich nicht.

Ich glaube, als Gott alles hatte, hat er gemacht, was ihm zu seinem Glück fehlte. Er wollte einfach nicht mehr allein sein. Er war glücklich, als er uns hatte, ein Gegenüber, jemanden, den er behüten kann wie seinen Augapfel. Gott hat jemanden, den er lieben kann und loben, dem er helfen kann – und das ist sein ganzes Glück.

Wir denken ja oft: Hoffentlich werde ich auch geliebt, hoffentlich schenkt mir jemand sein Herz, hoffentlich bin ich attraktiv genug dafür, dass mich jemand lieb hat. Aber es gibt noch etwas ungleich Größeres. Es ist das größte Privileg unter Gottes Sonne, jemanden lieben zu dürfen! Es gibt nichts Schöneres unter Gottes Himmel als einen oder eine lieb zu haben, sich Sorgen machen zu dürfen, sie wichtig zu finden, für ihn zu hoffen, zusammen zu beten, auf sie zu trauen.

Einsamkeit ist die schwere Bürde, die unsere Welt kennt; und diese Bürde kannte wohl auch Gott, als er allein war mit sich selbst, als es noch keine Menschen, keine Grashalme, keine großen Fische im Meer und keine kleinen Klippdachse im Gebirge gab. Ja, man darf sich Gott als einen glücklichen Gott vorstellen, denn er hat eine Schöpfung, die er hegen und pflegen kann, und er hat Menschen, die er lieben und behüten kann: Gott hat vor lauter Glück die Welt gemacht, die Pflanzen, alle Tiere und auch den Menschen.

Im Alten Testament ist immer wieder davon die Rede, wie sehr Gott sein Volk Israel liebt, das er durch das Meer führt mit starkem Arm und durch die Wüste mit Manna und Wasser. Er führt sein Volk in ein neues Land, in dem Milch und Honig fließen. Und allem Kummer zum Trotz, den die Geschichte des Volkes Israel bei Gott auslöste: Gottes Liebe und sein Glück sind so reich und groß, dass er mit Jesus schließlich direkt in die Welt kommt: »Und das Wort ward Fleisch und wohnte unter uns und wir sahen seine Herrlichkeit«, heißt es im Johannesevangelium Kapitel 1, Vers 14. So wie du und ich lebt er mit und unter den Menschen, kommt ihnen ganz nah und sprengt ihr Unglücklichsein auf. Dorothee Sölle hat es in ihrem Buch »Phantasie und Gehorsam« so beschrieben: »Ich halte Jesus von Nazareth für den glücklichsten Menschen, der je gelebt hat. Ich denke, dass die Kraft seiner Fantasie aus dem Glück heraus verstanden werden muss. Alle Fantasie ist ins Gelingen verliebt, sie lässt sich etwas einfallen und sprengt immer wieder die Grenzen und befreit die Menschen [...] Jesus erscheint in der Schilderung der Evangelien als ein Mensch, der seine Umgebung mit Glück ansteckte, der seine Kraft weitergab, der verschenkte, was er hatte.«

Mit seinem fantasievollen Handeln, neu und überraschend anders zu denken, zu leben und zu handeln, sprengt Jesus alle Verkrustungen; er wollte, dass das Leben gelingt, dass Menschen sich frei entfalten können. Jesus lebt die Liebe und geht den Weg ganz kompromisslos bis zum bitteren Ende; gegen jeden Trend – bis er ans Kreuz geschlagen wird –, weil es immer Menschen gibt, die so viel Glück und Liebe, so viel Freiheit und Güte nicht aushalten; für die das Aufrechterhalten ihrer eigenen Macht wichtiger ist, weil sie glauben, dass man sich so zumindest Anerkennung verdienen kann. Das Kreuz als Zeichen des ewigen Versuchs, Liebe und Glück zu unterbinden – diese Gottesgeschenke nicht ansehen zu müssen.

Doch so einfach und klar bleibt es nicht, mit Gott, uns und dem Glück. Kaum ein Jahrhundert vergeht, das nicht Qual und Grausamkeit, Zerstörung und Brutalität in reichem Ausmaß gesehen hat. Apokalyptische Texte finden regelmäßig Widerhall: »Darum werden ihre Plagen an einem Tag kommen, Tod, Leid und Hunger, und mit Feuer wird sie verbrannt werden …«, heißt es in der Offenbarung des Johannes Kapitel 18, Vers 8. Ist der Himmel also glücklich und die Erde unglücklich? Haben wir ein schlechtes Geschäft mit Gott gemacht?

Es war wohl zuerst der jüdische Philosoph Hans Jonas, der diese Frage in eine ungeahnte Tiefe führte: Er fragte nach Gott nach Auschwitz, er wollte Gott nicht loslassen nach Treblinka, er wollte Gott nicht vergessen nach Buchenwald. Aber wie kann das sein: Gottes Liebe und Gottes Allmacht und Gottes Gerechtigkeit, alle diese drei Dimensionen des klassischen Gottesbildes, wie passen die zusammen – nach Auschwitz. Oder in unserem Gedankengang: Wie kann man sich einen glücklichen Gott nach der Shoah vorstellen? Jonas sagt: Eine der drei Eigenschaften müssen wir Menschen loslassen; entweder ist Gott nicht gerecht, nur voller Liebe und voller Macht; dann kann man verstehen, warum es den Ungerechten und Bösen doch oftmals so gut ergeht in Gottes Welt. Oder Gott ist doch kein liebender Gott, sondern ein abgründiger, verborgener Gott, der zwar machtvoll und gerecht, aber auch strafend und vernichtend ist. Jonas selbst hat eine andere Konsequenz gezogen: Gott ist liebend und gerecht, aber er ist nicht allmächtig. Es gibt keinen allmächtigen Gott, der alles kann und alles durchsetzt, der an den Schalthebeln der Macht sitzt. Sondern es gibt jenen einen Gott, der auf seine Macht verzichtet – aus Liebe zu seinen Geschöpfen, die er nicht beherrschen, sondern befreien will zum Guten. Deswegen: Es gibt nur das Wort Gottes, es gibt nur die Berührung seines werbenden Geistes, es gibt nur die »Autorität des bittenden Christus« (Eberhard Jüngel), aber es gibt keine Machtdemonstrationen, keine Allmacht, die alles so will, was geschieht. Gott geht ans Kreuz, er geht mit ins Kreuz, er stirbt mit uns und weint mit uns im Unglück, aber er ist kein Superman, der uns 'raushauen könnte. Er ist der Gott, der die Macht abgibt, um der Liebe willen.

Wie mag es diesem Gott ergehen, wenn er unsere Welt und uns Menschen sieht, von Ewigkeit zu Ewigkeit, wie wir uns bedrängen und quälen, wie wir weinen und sterben, wie wir leiden und streiten – ewig und immer wieder. Machen wir ihn nicht unglücklich? Vielleicht so unglücklich wie wir Eltern unglücklich sind, wenn unsere Kinder ihren ersten schweren Liebeskummer bestehen müssen; sie müssen weinen und schluchzen, sind verletzt und empört, sind fassungslos und verwirrt, sind ungerecht und grob, sind verzweifelt und traurig. Und wir begleiten sie, weinen mit, bleiben nahe, trösten mit Worten oder warmer Honigmilch oder Grießbrei, berühren und halten fest, lieben und loben, tun, was wir können – doch den Schmerz, den können wir nicht wegnehmen. Den müssen die Kinder selbst ertragen, durchstehen, aushalten.

»Das Leben ist auch ohne Probleme schwierig genug« – das Leben ist aber auch mit Problemen ganz schön schwierig; und es ist eine schwierige Kunst, dennoch glücklich zu sein.

Gott ist glücklich! Wann genau hat Gott eigentlich die Musik erschaffen? Mit dem Menschen am sechsten Tag? Oder irgendwann so nebenbei, zwischen Mond und Sternen, neben der Sonne, weil die Sterne doch die Musik des Universums sind, wie die Alten meinten? Oder beim Unterscheiden von Licht und Finsternis, weil die Musik beides spiegelt? Oder ist er vielleicht vom Brüllen des Löwen und Singen der Delfine inspiriert worden? Ich denke: Die Musik hat Gott vor allem anderen gemacht. Und er hat sie laut aufgedreht! Sonst wäre die Schöpferei einfach nicht so gut geworden. Wir wären nicht so gut geworden.

Wie kann man nur an einen unsichtbaren Gott glauben, an einen, den man doch nicht spürt, der undurchschaubar ist? Ja klar, das ist die Frage, welche die stellen, die nicht so fest im Glauben stehen. Nein, das ist die Frage, die sich vielleicht jede von uns irgendwann stellt. Wo ist dieser Gott, an den ich so gern glauben will, wo ist er, in dieser gottlosen, glaubensarmen Zeit, wo hat er sein Versteck? Der Zweifel gehört zu uns, zum Glauben, zum ehrlichen Christsein. Wenn wir zweifeln, dann ist es gut, dass wir Johann Sebastian Bach haben und seine grandiose Musik. Ich meine, das müsste jedem klar sein, ohne Gott wäre Bach nicht möglich gewesen. Unter seine Partituren hat er geschrieben: »Soli deo gloria«, »Gott allein zur Ehre« – manchmal sogar ohne seinen eigenen Namen. Heute nennen ihn manche den fünften Evangelisten – zu Recht. Es gibt den schönen Gedanken, dass die Schöpfung in uns Menschen die Augen aufschlägt. Und manchmal denke ich, dass Gottes Glück in seiner Musik zu hören ist. Bach also ist der musikalische Gottesbeweis. Aber dass Gott wirklich gute Laune hatte bei der Sache mit der Schöpfung, das ahne ich aufgrund der Beatles. Weil es ihm sicherlich gefallen hat, diese vier Pilzköpfe zusammenzubringen, weil sie uns so beschwingt und beflügelt haben.

Religiöse Menschen haben die Nähe zwischen Gott und Musik vor lauter Glück immer geahnt: Ekstatische Tänze gehören zur Religion wie das Augenschließen zur Mystik. David, der charmante Frauenheld und religiöse Staatengründer: Als Israel im gelobten Land und in Jerusalem angekommen war, holt König

David eines Tages die Lade mit den Schrifttafeln der Zehn Gebote in die neue Hauptstadt, in den Tempel nach Jerusalem. Das ist ein großes Freudenfest, an dem David ausgelassen tanzt: »David und alle Israeliten liefen hinter der Bundeslade her. Sie tanzten und lobten den Herrn mit Lauten und Harfen, mit Tamburinen, Rasseln und Zimbeln.« (2 Sam 6,5) Als der Zug sich wieder in Bewegung setzte, tanzte David voller Hingabe neben der Bundeslade her, um den Herrn zu loben. Später sagt er dann zu seiner Frau Michal, die ihn dafür verspottete: »Ich habe dem Herrn zu Ehren getanzt.« (2 Sam 6,21) Tanzen, das ist doch ein Funke, der von Gottes Glück auf die Menschen überspringt, sie entzündet und in Bewegung setzt.

Die Musik jedenfalls mit allem, was sie auslöst, ist Gottes zweitbestes Instrument zum Trost, gleich nach seinem Wort kommt sie zu stehen, und allein weil es diese Musik gibt, muss und kann man sich Gott als einen glücklichen Gott vorstellen – trotz und in allem Kummer. Gott ist glücklich, weil er berühren kann mit seiner Musik, weil er mit seinem Glück anstecken kann – auch mitten im Gewusel der Welt.

Manche behaupten ja, Evangelische würden vor lauter Nähe und Liebe und Güte und Vergebung im Gottesbild nur noch einen Gott verkündigen, der so nett, so schrecklich lieb ist, der sozusagen die personifizierte Harmlosigkeit ist. Der alles in Watte packt, der uns auch nicht weiter stört, der ein paar Werte bereit hält, die wir dann bei den anderen und bei denen da oben einfordern. Ein wirklich netter Gott. Der hat das Kissen mitgenommen, auf dem er schlief, als das Boot in den Sturm geriet (Mk 4,38) – und damit macht er alles ganz weich für uns. Der harmlose Gott, der ganz nah ist. Nah, harmlos … – als ob Nähe harmlos wäre! Das behaupten vielleicht Leute, die sich mit Nähe nicht auskennen.

Gott ist nicht irgendwie weit weg und urteilt über mich, sondern ist bei mir, neben mir, in mir, er will nicht urteilen, sondern ansprechen, berühren, die Seele stärken. Und wer berührt wird, wer sich berühren lässt, ist ja auf ganz andere Art wahrgenommen. Wer mich berühren darf, spürt mein Herz schlagen, der weiß, ob ich zittere oder ruhig bin, ob sich meine Wangen heiß und die Hände kalt anfühlen. Wer die Seele berührt, erfährt noch mehr, er kennt das Innerste in allem, was da ist.

Insofern: Gott ist ein berührender Gott, der mir näher kommt, als es mir manchmal lieb ist, mitten in meine Seele, mitten in mein Gewissen, mitten in mein Herz. Da weiß ich plötzlich, wo mein Herz ist, da ist dann tatsächlich mein Gott. Und dieser Moment geht mit einem Atemzug auch wieder vorbei. Nähe kann ich spüren, aber ich kann sie nicht festhalten. Glück kann ich erleben, aber eben nicht konservieren, nicht einwecken, nicht vakuumverpackt haltbar machen.

Jesus geht mit dreien seiner Jünger auf einen Berg,

um zu beten. Auf einmal wird es um Jesus herum ganz hell, er und seine Umgebung beginnen zu strahlen und sein Gesicht leuchtet weiß. Es erscheinen zwei Gestalten, Mose und Elia, und reden mit ihm. Da ist der Himmel auf Erden! Die Jünger erschrecken zuerst, stellen dann aber fest: »Hier ist es wunderbar und gut. Lass uns drei Hütten bauen – eine für dich, eine für Mose und eine für Elia.« (Lk 9,28 ff) Aber schon zieht eine große Wolke auf, und alles ist bereits wieder zu Ende. Das war wohl so ein Moment des vollkommenen irdischen Glücks. Und wer wollte ihn nicht festhalten und sich im Glücklichsein ein für alle Mal einrichten im Leben? Wie heißt es noch in Goethes Faust: »Werd ich zum Augenblicke sagen, verweile doch, du bist so schön!« Heute machen wir Fotos davon und wissen doch, den rechten Moment passen wir nicht ab, und das Gefühl lässt sich eben nicht fotografieren und auch nicht filmen. Es ist nur in unserer Erinnerung. Das Glücksgefühl, das bleibt, das hilft, wenn wir längst wieder unten sind vom Berg, froh, weil wir wissen, dass es geht: glücklich sein, ganz und gar.

Die Momente tiefen Glücks sind nicht machbar und herstellbar, nicht festzuhalten, sie fliegen – früher oder später – auch wieder davon. Aber es gibt sie. Das schon und immerhin. Und im Glück und Glücklichsein berührt der Mensch die Unendlichkeit, er berührt eine Sphäre einer Wirklichkeit, die größer ist als er selbst und doch in seinem Bewusstsein Gestalt annimmt.

Deswegen kann man erstaunlicherweise ja auch in schweren Zeiten glücklich sein; Glück hängt weder am materiellen Reichtum noch an problemfreien Lebenszonen. Glück ist ein Kuss der Ewigkeit mitten im Diesseits, ist eine Umarmung mitten im Schmerz, eine große Geste mitten in der Zerstörung. Selbst in Japan und in Fukushima gab es ein Bild jener plötzlichen, ungeplanten, überraschenden Glückserfahrung mitten im Kummer: ein Aufblitzen von Hoffnung, von Freude, von Glück, von Berührung und Nähe. In einer kleinen Sequenz sah man in jenen schrecklichen Tagen des Atom-GAUs mitten in dem durch Erdbeben und Tsunami zerstörten Nordostjapan zwei Männer, die Holz gesammelt und ein Feuer unter einer zerbeulten Badewanne entfacht hatten. Sie haben das Wasser erhitzt und nahmen dann – inmitten der Zerstörung, Katastrophe, Aussichtslosigkeit – trotz all dem genüsslich ein Bad. Ein starkes Bild: ein Hoffnungsschimmer inmitten der Verwüstung, eine Portion Glück mitten im Unglück, vielleicht gar ein kleines Aufblitzen des Reiches Gottes in einer brutalen Wirklichkeit.

Gott kann glücklich sein, weil es sie gibt, seine Schöpfung; auch wenn alles zerstört ist, bleibt die große Idee davon. Weil er das gemacht hat, sieben Tage lang, kann er glücklich sein, trotz Rückschlägen und Verzweiflung. Glücklich, wenn wir unten im Tal ankommen, obwohl wir keine Glücksmomenthütte bauen konnten, aber eben eine Kathedrale in unserem

Herzen, in der wir sammeln, was uns glücklich macht. So wie Gott: Und Gott geht es wohl so wie in dem alten Lied von Frieda Fronmüller (eines der wenigen Lieder aus dem Gesangbuch übrigens, bei denen eine Frau wenigstens die Melodie geschrieben hat): »Freut euch der schönen Erde, denn sie ist wohl wert der Freud. O was hat für Herrlichkeiten unser Gott da ausgestreut!« In der letzten Strophe heißt es: »Wenn am Schemel seiner Füße und am Thron schon solcher Schein, o was muss in seinem Herzen erst für Wonne sein« (EG 510). Ja, Gott muss glücklich sein, auch mitten in der Zerstörung, weil es einen Funken Hoffnung gibt, vielleicht auf Einsicht, vielleicht auf Neuwerden, vielleicht auf Beherztheit, vielleicht darauf, dass sich seine Geschöpfe berühren lassen und seine Zärtlichkeit weitergeben, an das, was seine Schöpfung ist.

Aber angesichts unserer Fragen und Zweifel, der Verantwortung, der Krisen und Katastrophen – kann es wirklich sein, dass Gott glücklich macht, also uns glücklich macht?

Gott macht glücklich! Die moderne Glücksforschung bestätigt eine uralte Einsicht: Da wird nach Lebenszufriedenheit, persönlichem Wohlbefinden und Lebenserwartung gefragt. Und es zeigt sich, dass Glück und Zufriedenheit nur sehr bedingt davon abhängig sind, wie viel ein Mensch hat, verdient und konsumiert. Vor über 1500 Jahren hat das Augustinus erfahren. Er war durch viele Stürme des Lebens gegangen und hatte einige Zeit in purem Luxus gelebt – glücklich ist er dadurch aber nicht geworden. Für ihn liegt der Anfang allen Glücks in einer engen Beziehung zu Gott: Augustinus hat es auf den Punkt und auf eine einfache Formel gebracht: »dilige et quod vis fac«, zu Deutsch: »Liebe, und tu, was du willst«. Tu, was du willst, sei also frei. Sei erwachsen, könnte man vielleicht sagen. Dein Gott ist es ja auch. Als Christinnen und Christen haben wir eine Vorgabe, eine Richtschnur. Wir können Verantwortung übernehmen, nein, nicht weil wir Gutmenschen sind, sondern gute Bürgerinnen und Bürger in Gottes Welt. Unser Glücklichsein hat etwas mit Gott zu tun, nicht mit materiellem Wachstum oder äußerlichen Erfolgen. Mit ihm, dem Schöpfer, haben wir die Möglichkeit, Dankbarkeit als Grundmelodie unseres Lebens zu empfinden, im ganz Großen und im ganz Kleinen. Sonne am Morgen entgegen der Wettervorhersage, die Einladung zu einer Pause, weil du sie allein gar nicht gemacht hättest. Oder Frieda, ein Jahr alt, die 20 Minuten lang eine Pusteblume nach der anderen pflückte und – das hatte ihr jemand genauso beigebracht – ganz dicke Backen machte, um mit aller Kraft zu pusten. Natürlich macht Gott glücklich, nicht einfach weil er sich die Pusteblumen ausgedacht hat, sondern weil er uns Augen und Herzen gegeben hat, das Glück zu sehen. Gott ist der Urgrund allen Glücks, nicht meine Leistung, nicht: Jeder ist seines Glückes Schmied –

das sagen nur die Durchsetzungsstarken und Erfolgreichen. Gott ist meines Glückes Schmied – das dürfen wir sagen.

Gott macht glücklich, weil er seinen Sohn schickt, weil Jesus fragt, was der Mensch wirklich braucht für sein Glück. An Nahrung für seinen Leib, indem er zum Teilen von dem ermuntert, was da ist. Er schaut, was der Mensch braucht, an Nahrung für die Seele. Der Blinde von Jericho, der endlich, endlich vorgelassen wird zu Jesus, bekommt diese eine wunderbare Frage: »Was willst du, dass ich dir tun soll?« Und der Blinde antwortet: »Rabbuni, dass ich wieder sehen kann«! (Mk 10,51) Dass ich dich wieder sehen kann, dich und deinen Vater, dich und die Quelle des Glücks, dass ich mich wieder einsehen kann und die Wahrheit meines Lebens. Was willst du, das ich dir tun soll? Was kann ich für dich tun? Nein, nicht diese Floskel, die sie einem beibringen, wenn man eine Schulung für effektives Telefonieren bekommt. Sondern die echte Frage: Womit würde es dir jetzt gut gehen oder besser, weil das dringend nötig ist. Diese Frage, ehrlich gestellt zu bekommen, ohne Hintergedanken, nicht nur, weil man Schnupfen hat und Tee braucht, sondern einfach so, mitten am Tag, weil da eine ist oder einer, der sich tatsächlich genau dafür interessiert. Weil da einer ist, der dir selbst den Gedanken gönnt, einen Moment darüber nachzudenken, was dir wohl genau jetzt gut tun würde. Nicht Erwartungen oder Forderungen machen glücklich, sondern Geben und Schenken. Ich meine übrigens nicht die für uns Unerreichbaren, die alles wegschenken und sich der guten Sache, der Sache Gottes, den Armen der Welt verschreiben. Ich meine das Sich-Verschenken, das Ab-Geben, sich öffnen und die Hand ausstrecken, dem anderen in die Augen sehen, ihn erkennen oder sie und zugleich den Spiegel des eigenen Glücks betrachten, in diesen anderen Augen.

Gott lässt uns staunen über die Wunder seiner Schöpfung und er lässt uns nicht allein, er berührt uns und lässt uns seine Schöpfungsmusik hören, manchmal, zwischendurch, überraschend. Und er schenkt uns Menschen, die uns und unser Glück begleiten, mit denen wir es teilen können. Er schont uns nicht vor den Abgründen des Lebens, aber er hilft uns über sie hinweg, er geht mit, was für ein Glück. »Und ob ich schon wanderte im finsteren Tal, fürchte ich kein Unglück, denn du bist bei mir, dein Stecken und Stab trösten mich«, heißt es in Psalm 23. Oder in Psalm 91: »Denn er hat seinen Engeln befohlen, dass sie dich behüten auf allen deinen Wegen. Dass sie dich auf den Händen tragen und du deinen Fuß nicht an einem Stein stößt.«

Das sind wunderbare Zusagen von unserem Gott! Und Jesus fasst sie zusammen, wenn er sagt: »Kommt her zu mir, alle, die ihr mühselig und beladen seid; ich will euch erquicken. Nehmt auf euch mein Joch und lernt von mir; denn ich bin sanftmütig und von Herzen demütig; so werdet ihr Ruhe finden für eure Seelen. Denn mein Joch ist sanft, und meine Last ist leicht.« (Mt 11,28f)

Aus Gottes Armen kann ich nicht fallen, was auch passiert. Er macht frei vom Rausch des Immer-Mehr und Immer-Schneller und führt zu einem Leben in Fülle und voller Glücksmomente.

Gegenwind ins Gesicht

Über Politik und Kirche im 21. Jahrhundert

Was hat die Evangelische Kirche zu tun mit Rentenkonzept und Energiewende? Soll die Kirche sich einmischen? Und wenn ja, wer will sie hören? Das wirft sofort die Frage auf nach der Verbindung von Kirche und Staat. Denn einmischen kann sich nur, wer nicht schon längst vermischt ist. Zum Grundwortschatz dieses Verhältnisses gehört: Die Kirche ist vom Staat getrennt und wird zugleich von ihm wohlwollend gefördert. Dies geschieht, um den vielzitierten Satz von Ernst-Wolfgang Böckenförde zu wiederholen, weil »der freiheitliche, säkularisierte Staat von Voraussetzungen lebt, die er selbst nicht garantieren kann«. Werte wie Solidarität und Miteinander, Gerechtigkeit und Frieden sind nicht vom Staat allein generierbar. Es braucht Unterstützer, ja weitere Stützen, die Gesellschaft tragen, und zweifelsohne gehören die Kirchen dazu.

Zweifelsohne? Wie laut ist die Stimme der Kirche –

und wo wird sie gehört? Vergleicht man den Einfluss der Kirche auf die Gesellschaft heute mit dem früherer Jahrzehnte oder gar Jahrhunderte, ist festzustellen: Die Prägekraft des Christlichen hat nachgelassen. Die »christlichen Wurzeln« werden wohl beschworen, besonders gern zur Abgrenzung gegen Einflüsse anderer Religionen, aber positiv nachvollzogen werden sie doch eher selten. Besucherinnen und Besucher im Museum tun sich schwer, religiöse Symbolgehalte und Allegorien zu erkennen. Und auch viele unsere Gotteshäuser werden eher als touristische Attraktionen wahrgenommen, weniger als Ort, an dem ganz anderes zu erfahren wäre. Vielleicht sollten wir hier einmal öfter auch Anleitungen zum Beten auslegen, statt unseren Gästen nur das Faltblatt mit den kunstgeschichtlichen Besonderheiten an die Hand zu geben.

Gleichzeitig wird Religiöses aber gesellschaftlich nachgefragt. Ganz offensichtlich kommt an den großen Fragen des Lebens eben niemand vorbei. Nur ist es auf der Suche nach Antworten längst nicht mehr selbstverständlich, die Schwellen der Gotteshäuser zu übertreten. Im Gegenteil: Wellness mit ein paar religiösen Zutaten hat Konjunktur.

Christinnen und Christen selbst verharren nicht selten in einer gewissen Gewohnheits-Gleichgültigkeit ihrer Kirche gegenüber. Kirchliche Feiertage werden als freie Tage gern genommen, aber kaum noch wirklich gefeiert, zumindest nicht ihrem Anlass entsprechend. Den Einsatz der Kirchen für den Sonntagsschutz im Advent fanden wir richtig, denn zu viel Kommerz sollte es dann doch nicht sein. Aber was und wozu der ganz normale Sonntag sein soll, ist nicht mehr unbedingt überall klar.

Der relative Bedeutungsverlust der Kirche steht natürlich im Zusammenhang mit Säkularisierung, Individualisierung, Pluralisierung. Doch ich bin weit davon entfernt, kulturpessimistisch in den Prozessen der Modernisierung eine Abwärtsbewegung zu erkennen, die die Kirche bedroht. Die Erwartung, dass eine fortschreitende Säkularisierung Religion und Kirche überflüssig macht, hat sich nun gerade nicht bestätigt. Und dass jede und jeder heute an gesellschaftlichen Gütern teilhaben kann, ohne einer Kirche anzugehören, ist so selbstverständlich wie gut. Die Allzuständigkeit der Kirche war eine Fehlentwicklung. Dem Anstoß der Reformatoren hat die Kirche wesentlich ihre Befreiung von weltlichen Belangen zu verdanken, und die Welt verdankt ihnen die Befreiung von kirchlicher Bevormundung. Das heutige Christentum ist durch die Säkularisation hindurchgegangen und lebt unter den gegenwärtigen Bedingungen nicht schlecht. Denn erst eine Kirche, die so frei geworden ist, hat unter den Bedingungen der Moderne die Chance, einflussreich zu sein. Nur in einer solchen Konstellation kann die Kirche sich einmischen. So sie es will und sofern es die

Gesellschaft zulassen will. Und erst ein so frei gewordener Mensch versteht seine Aufgabe und Verantwortung in der Welt.

Ein Satz zur Individualisierung: Wer sie nur beklagt als nachlassende Bindung an die kirchliche Gemeinschaft, verkennt ihren positiven Kern. Das Individuum selbst deutet das eigene Leben, nicht eine Institution. Wer will, kann sich auch gegen die Kirche entscheiden. Doch selbst diese Distanz ist Ausdruck einer Freiheit, die für jeden Christenmenschen eingefordert und eingelöst wurde. Der Grundsatz von Gleichheit und Würde, die unterschiedslos jedem Menschen zukommt, ist tief im christlichen Menschenbild verankert. Er wurde mit reformatorischem Eifer verteidigt und ist letztlich ein Grundpfeiler der Entwicklung hin zu Demokratie und Achtung der Menschenrechte geworden. Säkularisierung und Individualisierung sind nicht zum Schaden über die Kirche gekommen. Es sind vielmehr, blutig und auch gegen die Kirche erkämpfte, aber doch durch reformatorische Grundumkehrungen hervorgebrachte Geschenke an die moderne Gesellschaft.

Ich halte daran fest: Es gibt guten Grund, die Bedeutung der Kirchen für unsere Gesellschaft positiv zu beschreiben, historisch allgemein wie gegenwärtig konkret. Und ja, natürlich: Die Kirche soll sich einmischen. Sei es in Fragen der Friedensethik, mit Worten zu Gerechtigkeit und Solidarität und natürlich zur Ethik am Anfang und Ende des Lebens. Gerade bei Gesetzgebungsprozessen zu diesem Thema erlebe ich, wie aufmerksam von den Abgeordneten im Deutschen Bundestag die Stellungnahmen der Kirchen verfolgt werden. Hier wird der Kirche Orientierungskraft zugetraut. Zugleich ist die Zeit, wo den meisten beim Wortpaar Kirche und Politik nur CDU einfiel, lange vorbei. Fest geglaubte Verbindungen und starre Milieus sind längst aufgebrochen. In der konkreten Zusammenarbeit zwischen Partei-Politik und den Kirchen geht es heute eher um Projekte, an denen zusammen gearbeitet werden kann, auch wenn die Differenzen in anderen Bereichen groß sind. Solche Bündnisse, die mal enger, mal weiter sind, bedeuten keineswegs Beliebigkeit. Auch dies sind Formen der Ausgestaltung eines gewachsenen Verhältnisses zwischen Politik und Kirche im Dreiklang von Säkularisierung, Individualisierung und Pluralisierung.

Also: ja! Kirchen sollen sich einmischen. Unsere Gesellschaft wäre ärmer, ohne diese Vordenkerin und Mahnerin, die Fehlentwicklungen bemerkt, reflektiert und benennt. Ohne die Begeisterte über Engagement, Solidarität, Zusammenhalt, wie sie oft aus der Bürgergesellschaft heraus entstehen. Gesellschaft wäre ohne eine Kirche ärmer, die Freiheit im Letzten zu deuten versteht als Freiheit vom Tod, mit der alle Mächte dieser Welt ihre Schrecken verlieren. Aus dieser Freiheit erwächst zugleich das Postulat an jede Einzelne und jeden Einzelnen, verantwortlich, das heißt in Verantwortung vor Gott und den Menschen zu handeln. Kirche tritt ein für Solidarität und Zusammenhalt in der Gesellschaft, im Wissen darum, dass jeder Verlorene wertvoll genug ist, ihn suchen zu gehen und bei seiner Wiederkehr ein Fest zu feiern.

Es steht zu befürchten, dass gerade diese Solidarität nachlässt in unserer Gesellschaft. Die Zeit ist krisenhaft. So vieles ist bedroht: die Umwelt, die Rente, die Sicherheit des eigenen E-Mail-Accounts. Bei derart viel Verunsicherung liegt die Frage näher: Was nützt es mir? Als zu fragen: Was bedeutet das für andere? Was wäre wichtig für die Gemeinschaft? Angesichts dessen ist es mehr denn je Aufgabe von der Politik zu benennen und zu stärken, was das demokratische Gemeinwesen eigentlich zusammenhält. Politikerinnen und Politiker müssen nach den notwendigen Voraussetzungen und den Ressourcen der Demokratie suchen. Und es muss Anliegen der Kirche sein, sich einzumischen und deutlich zu machen, dass christlicher Glaube und kirchliche Institutionen zu diesen Ressourcen gehören.

Sich der Grundwerte zu versichern und Orientierung zu verorten, ist natürlich zuallererst Auftrag der Politik, des Staates, ist Bildungsauftrag der Schule. Aber einzutreten für Grundrechte und Grundwerte ist zugleich Aufgabe aller Bürgerinnen und Bürger, aller gesellschaftlichen Kräfte und damit auch der

Kirchen. Zu dieser Werteerziehung und Wertevermittlung und auch für die Formulierung moralischer Maßstäbe kann die Kirche einen wesentlichen Beitrag leisten. Ich meine, sie ist dafür sogar unverzichtbar. Auch wenn Erziehung zu verantworteter Freiheit zuvorderst Bildungsauftrag des Staates und der Schule ist, bleiben wir dabei auch auf die Unterstützung der Kirchen angewiesen. Die Kirche bietet Orientierungswissen. Sie stellt klar, dass der Mensch nicht durch Leistung gerechtfertigt ist, dass Solidarität und Nächstenliebe nicht lästige Opfer sind, sondern den Menschen als ganzen Menschen ausmachen. Dies ist ein Beitrag, den niemand so authentisch wie die Kirchen leisten kann. Auch deswegen brauchen wir Religionsunterricht, selbstverständlich in der Schule.

Ja, Bildung ist zur sozialen Frage des 21. Jahrhunderts geworden. Wir dürfen beim Nachdenken darüber aber nicht den Fehler machen, Bildung und Ausbildung engzuführen auf das, was für den Arbeitsmarkt nützlich erscheint. Menschen brauchen mehr als die Fähigkeit, im Konkurrenzkampf bestehen zu können. Für ein gelingendes Miteinander und für gesellschaftlichen Zusammenhalt benötigen wir die Kompetenz, zwischen Gut und Böse unterscheiden zu können, zwischen Gleichheit und Ungleichheit und zwischen Recht und Unrecht. Wir brauchen Bewertungsmaßstäbe und eine Gesellschaft, die sich Sinnfragen überhaupt stellt. Auch dabei ist der Staat darauf angewiesen, dass die Kirche sich einmischt. Er ist auf die Stimme der Kirchen angewiesen, die Normen tradiert und begründet und vor allem auch zur Realisierung der Werte zu motivieren vermag. Doch an dieser Stelle sei es noch einmal ganz ausdrücklich gesagt: Politik und Kirche sind klar voneinander verschieden. Sie können und sollen einander Impulse geben, nicht mehr.

Gleichwohl muss sich die Kirche wehren, wo sie beschränkt werden soll auf spirituellen Beistand in Krisensituationen oder gerade gut genug ist, als Ausfallbürgin staatlichen Engagements im sozialen Bereich einzuspringen. Die Kirche muss politisch sein, Offenheit und Dialog mit der Welt sind unerlässlich. Aber die Kirche soll nicht Politik machen. Politisch sein für die Kirche geschieht aus dem Evangelium heraus und nicht aus Parteiprogrammen. Das ist der wesentliche Unterschied.

Damit sind die Grundvoraussetzungen umrissen. Kirche und Staat sind getrennt, gleichwohl sind Staat und Politik auf die Kirche angewiesen und es entspricht dem Auftrag der Kirche, sich einzubringen bei der Gestaltung der Gesellschaft.

Wie kann nun streitbares Einmischen geschehen? Natürlich durch das Wort. Was läge uns Evangelischen näher. Die Synode der EKD wirkt durch Beschlüsse und Kundgebungen. EKD-Denkschriften und Orientierungshilfen zu Pflege und Alter, zu Jugend und Bildung, zu Unternehmertum und Klimawandel bereichern den gesellschaftlichen Diskurs. Sie sind streitbar, manchmal streiten wir auch vor allem untereinander in der evangelischen Familie. Sie legen den Finger in die Wunde, formulieren wohlbegründet Ansprüche an politisches und individuelles Handeln, um die Gesellschaft gerechter und solidarischer zu machen. Dieser Beitrag ist wesentlich. Aber kirchliches Engagement mitten in der Gesellschaft und gemeinsames Handeln von Kirche und Politik gehen weit darüber hinaus.

Kirche ist zum Beispiel vor allem auch die Erfahrung von Gemeinschaft. Die Neigung, sich aus Zutaten verschiedener Religionen sein eigenes Glaubenssüppchen zu kochen, nimmt zu. Oft geht es dabei wohl um individuellere Formen religiösen Daseins. Für die Kirche jedoch gehört Gemeinschaft, Gemeinde mit dazu. Das ist ein großer Schatz für unsere Gesellschaft, für jeden, der erleben kann, dass Größeres geschieht, wenn zwei oder drei in Seinem Namen versammelt sind und Er mitten unter ihnen ist.

In unserer individualisierten Gesellschaft gibt es kaum noch Vorbilder, wo Gemeinschaft gelebt wird. Wo ein Wir noch vorkommt, das mehr ist als die Summe von Ichs. Gerade in Zeiten gesellschaftlicher Umwälzung, von Verunsicherung und Entgrenzung brauchen Menschen Selbstvergewisserung und Rückhalt. Wie viel Unheil entsteht aus Angst, Unsicherheit und Bindungslosigkeit. Gemeinde kann Beziehung stiften, kann geschützter Raum sein, kann tragfähige Strukturen aufbauen.

Von Solidarität zu reden, sie einzufordern und dafür Konzepte zu entwickeln, ist das eine. In der Kirchgemeinde wird Nächstenliebe bereits konkret und erfahrbar. Hier kennt man einander, weiß, wer Hilfe benötigt, wer ins Krankenhaus gekommen ist. Was im Dorf noch selbstverständlich sein kann, wird in einer Stadtgemeinde schon anders aussehen. Aber gerade hier kann christliche Gemeinde zum neuen Ausgangspunkt werden für Nachbarschaftshilfe, Unterstützung alter Menschen und Krankenbesuche. Konkrete Nächstenliebe bedeutet auch, an den Rand der Gesellschaft zu gehen, in Unterkünfte für Asylanten, zu Obdachlosen oder ins Gefängnis.

Kirche sein darf nicht bedeuten, sich hinter die eigene Kirchentür zurückzuziehen und unter sich zu bleiben. Christinnen und Christen müssen offen sein und ansprechbar für das, was über die Kirchgemeinde hinausreicht. Oft gehen von der Kirchgemeinde Impulse für das gemeinschaftliche Leben des Dorfes, des Stadtteils, des Kiezes aus. Oft sind es gerade die engagierten Christinnen und Christen, die sich auch für die Belange der Ortsgemeinde einsetzen. Aufbauarbeit wird geleistet gegen Wehleidigkeit, Gleichgültigkeit und Eigennutz. Noch mehr darüber zu reden, dass wir das als Christinnen und Christen tun, wäre noch eine gute Zutat.

Es ist keineswegs nur Aufgabe der Synode, des Rates oder der Kammern der EKD, gesellschaftliche Entwicklungen wahrzunehmen und urteilsfähig zu sein. Gerade auch Kirchgemeinden sollen politisch sein, können moderieren, wo zwischen Interessen ausgeglichen werden muss. Und mehr noch soll die Kirche den Kontakt suchen zu anderen Gruppen des Ortes, sie an einen Tisch bringen, wenn es zum Beispiel darum geht, breite Bündnisse gegen Rechtsradikalismus und Intoleranz zu schmieden.

Und um noch einmal auf die Frage der Bildung zurückzukommen: Kindergärten und Schulen in kirchlicher Trägerschaft genießen auch bei Nichtchristen hohes Ansehen. Wo die Vermittlung von Werten von Kindesbeinen an gelingt, können Kinder und Jugendliche zu engagierten Christinnen und mündigen Bürgern heranwachsen. Sie sind die Weltverbesserer von morgen, mit ihnen schaffen wir die Grundlagen für die Zukunft. Im Jugendverband und in der Kirchgemeinde können die jungen Menschen erfahren, dass Gemeinschaft Spaß macht und wie unendlich viel man zurückbekommt, wenn man hierein investiert. Kirche muss Orientierung bieten für diese suchende Generation.

Wo das soziale Netz des Staates grobmaschiger wird, da fängt es nicht mehr alle Menschen auf. Die Kirche ist konfrontiert mit Folgen von Arbeitslosigkeit, sozialem Abstieg und Armut. Hier greift die

Kirche ein mit ihrer diakonischen Arbeit, mit Tafeln, Hilfsangeboten und Beratungsstellen – mit all ihrer sozialen Kompetenz. Wo an Eigenverantwortung appelliert wird, die Menschen mit ihrer eigenen Verantwortung aber überfordert sind, da lässt die Kirche die Menschen nicht allein. Wo Pluralität das Leben unübersichtlich macht, der Alltag nicht mehr zu bewältigen ist, da bietet die Kirche Orientierung an und Unterstützung. Vor allem aber ist die Kirche der Ort, zu dem die Menschen kommen können, wie sie sind. Hier erfahren sie die Wertschätzung, die ihnen andernorts verwehrt bleibt. Denn Gott sagt ihnen zu, dass sie wertvoll sind, ganz unabhängig von dem, wo sie wohnen, welche Kleidung sie tragen und ob sie Arbeit haben oder nicht.

So muss die Kirche leidenschaftlich ihre Stimme erheben gegen alle Versuche, die den Menschen reduzieren wollen auf seine Arbeitskraft und sein Konsumverhalten. Sie muss eintreten gegen eine bloß marktwirtschaftlich ausgerichtete Gesellschaftsordnung, die allein Glückseligkeit verheißt. Menschen streben nach mehr als nach der Befriedigung ihrer Bedürfnisse. Sie auf der Suche nach Sinn und Glück zu begleiten, ist Auftrag der Kirche. Eine Herausforderung für unsere Gemeinden – das auch tatsächlich zu tun. Sich als Gemeinde zu fühlen auch mit denen, die erst dazu kommen. Und auch mit denen, die ganz am Rand stehen.

Besonders in den Städten wird deutlich: Eine Kirche, die sich einmischen und gehört werden will, muss eine offene, ökumenische Kirche sein, die sich auf ein Leben auch in multireligiöser Vielfalt einlässt. Keine Stadt ist mehr konfessionell homogen – und durch Migration werden Städte zudem mehr und mehr religiös plural. Aufgabe von Kirche muss es deshalb sein, den Kontakt zu suchen. Ökumenische Zusammenarbeit und interreligiöser Dialog sind kein Luxus, sondern wesentlicher Beitrag für ein gelingendes Zusammenleben. Es ist die positive Rolle von der Kirche, grundsätzlich zur Akzeptanz der Vielfalt der Weltsichten beizutragen und sie miteinander ins Gespräch zu bringen. Gerade die Kirche hat die Kompetenz, gegenwärtiges Geschehen zu reflektieren und Fundamentalismus und Säkularisierung, Kern von Religion und ihren Ort in der Gesellschaft zu beschreiben, zu verstehen und zu deuten. Sie ist aber natürlich auch Partei, das muss sie sein. Miteinander heißt nicht, Unterschiede kleinzureden. Dialog kann nur auf Augenhöhe stattfinden, nur wenn das Eigentliche auch zur Sprache kommt.

So ist die Integration des Islam in das bestehende Gefüge von Staat und Religionsgemeinschaften eine Herausforderung, die uns in den nächsten Jahren beschäftigen wird. Eine offene und konstruktive Haltung der evangelischen Kirche dazu sollte selbstverständlich sein. Veränderte gesellschaftliche Realitäten werden zu Veränderungen führen, ohne dass uns um das Verhältnis der Kirchen zum Staat bange sein muss. Zugleich ist die Kirche auch herausgefordert, positiv zu beschreiben, was ihre besondere Rolle ausmacht, worin ihr besonderer Dienst für die Gesellschaft besteht, der Sonderrechte rechtfertigt. Das gilt nicht zuletzt auch für das Ringen um den Dritten Weg und das kirchliche Arbeitsrecht.

Die Kirche soll glaubwürdig ihre Werte selbst vorleben und aus ihrem tragenden Grund heraus in Gesellschaft und Politik hinein wirken. Sie muss sich fragen, welchen gesellschaftlichen Themen sie sich annimmt, wo sie Vorreiterin ist, Orientierungs- und Ratgeberin. Kommentieren allein genügt nicht. Sie muss mitwirken an der menschenwürdigen Lösung gesellschaftlicher Probleme.

Die Kirche muss standhaft sein, auch wenn der Gegenwind ins Gesicht bläst. Sie soll Mut zu unbequemen Wahrheiten haben und unbestechlich sein. Die Kirche muss dem Zeitgeist immer wieder widersprechen – wo es notwendig ist, nicht aber reflexartig. Manchmal steht die Kirche im Weg. Nicht nur räumlich. Das soll sie auch.

Als Christin, als Christ ist man angesichts der Krisenhaftigkeit der Zeit schon manchmal in der Versuchung, die Hände erst jammernd über dem Kopf zusammenzuschlagen und dann resigniert in den Schoß fallenzulassen. Doch das wäre grundfalsch. Gerade

Christen dürfen sich nicht zurückziehen ins Private und Beschauliche. Christinnen und Christen müssen Mitverantwortung übernehmen für das demokratische Gemeinwesen. Dass wir uns nicht mehr einmischen würden – unvorstellbar. Gesellschaft braucht unser Engagement. Und unser Glaube gibt uns Mut, Kraft und Befähigung dazu. Denn Glaube ist nicht Besitz und Leistung, sondern Geschenk. Er bewährt sich im eigenen Tun.

Wind im Rücken

Über Vertrauen und Veränderung

Da ist eine Menschenmenge am Ufer des Sees. Mitten drin: Jesus. Von ihm haben sie schon gehört, von diesem Handwerker aus Nazareth. Ihm eilt ein Ruf voraus. »Die Kunde von ihm verbreitete sich in der ganzen Umgebung«, schreibt Lukas in Kapitel 4,14. Und die, zu denen er gesprochen hatte, »waren überwältigt von seiner Lehre, denn sein Wort erging in Vollmacht«. (Lk 4,32)

Gerade kommt Jesus aus Kafarnaum. Dort wollten ihn die Leute am Weiterziehen hindern, damit er nicht wegginge von ihnen. Doch er sagte: »Ich muss auch den anderen Städten das Evangelium vom Reich Gottes verkünden, denn dazu bin ich gesandt worden.« (Lk 4,43) Und jetzt ist er bei ihnen am See. Sie umringen ihn, drängeln sich. Sie sind gespannt, wollen hören, was er zu sagen hat, denn sie haben erfahren, dass Gott durch ihn spricht. Und von Gottes Wort erwarten sie etwas! Sie erwarten, dass es etwas mit ihrem Leben zu tun hat. Dass es sie tröstet oder ihnen Hoffnung macht. Dass sie ihr Leben in einem anderen Licht sehen können und dass es ihren Blick weitet. Sie haben gehört, dass dieser Jesus Wunder tut, dass seine Worte und seine Gesten gut tun. Da wollen sie nah dran sein, das wollen sie für ihr Leben auch, das wollen sie nicht verpassen.

Und da sind die Fischer. Sie gehören nicht zu denen, die Jesus am Ufer umringen. Sie haben zu tun, sie waschen ihre Netze aus. Die ganze Nacht hindurch haben sie gearbeitet, aber sie haben nichts gefangen. Die Körbe am Ufer sind leer. Sorgenvoll mögen ihre Gesichter gewesen sein, müde. Kein Fisch heute Nacht. Ohne Fisch keine Einnahmen, kein Brot. Noch eben die Netze auswaschen, die Boote in Ordnung bringen, dann ein wenig ausruhen. Und am Abend wieder hinausfahren auf den See. In der Hoffnung, diesmal etwas zu fangen, um die Familie ernähren zu können.

Jesus löst sich aus der Menschenmenge, so umringt und bedrängt will er nicht predigen. Er steigt in das Boot, das Simon gehört, und bittet darum, hinausgerudert zu werden. Es ist nicht gerade das, was Simon eigentlich vorhatte, es stört auch gerade ein bisschen. Aber er tut es. Diesem Jesus ist er schon einmal begegnet, sehr persönlich sogar. Seine Schwiegermutter hatte im Fieber gelegen und die Familie hatte sich an Jesus gewandt, der in der Nähe war. Jesus war in das Haus des Simon Petrus gekommen, hatte sich über die Frau gebeugt und das Fieber war gewichen. (Lk 4,38ff) Einen Gefallen schuldete er Jesus wohl. Er stellt ihm sein Boot zur Verfügung und fährt mit ihm ein Stück vom Land weg.

Der See wird nun zur Bühne, mit dem Wind im Rücken werden Jesu Worte an Land getragen. Dort sitzen die Menschen, dicht an dicht, die Uferböschung hinauf. Sie können ihn sehen und hören und Gottes Wort in Kopf und Herz lassen. Was genau Jesus an diesem Tag lehrt, ist für unsere Geschichte nicht wichtig. Keine Bergpredigt, kein Gleichnis überliefert Lukas. Um was es eigentlich geht, das kommt jetzt: Denn als Jesus seine Rede beendet hat, lässt er sich nicht zurück ans Ufer bringen. Er hat noch etwas vor mit Simon und dessen Fischerkollegen. Statt für die Unterstützung bis hierhin zu danken, sagt er: »Fahr hinaus auf den See! Dort werft eure Netze zum Fang aus!« Das ist auch kein Bitten mehr, sondern eher eine Ansage. Bis hierhin hat Simon geschwiegen. Er hat gemacht, worum ihn Jesus gebeten hat, auch wenn er wohl andere Pläne hatte an diesem Tag. Er hat gewartet, bis Jesus fertig ist mit seiner Predigt, eine Stunde oder zwei.

Doch nun regt sich Widerstand bei Simon. Ihm gehört das Boot, er ist hier derjenige, der Ahnung hat vom Fischen. Nachts, wenn die Schwärme dicht unter der Oberfläche schwimmen, dann wirft man die Netze aus. Nicht am hellen Tag, wenn die Fische sich in die Tiefe des Sees zurückziehen. Er ist frustriert und müde, die ganze Nacht hindurch haben sie hart gearbeitet und nichts gefangen. Da wird es ja wohl jetzt nichts bringen. Die Netze mussten sie trotzdem flicken und waschen. Damit waren sie gerade fertig geworden. Sie jetzt noch einmal auszuwerfen bedeutet doppelte Arbeit, dann müssen sie wieder für die Nacht vorbereitet werden. »Meister, wir haben die ganze Nacht gearbeitet und nichts gefangen«, wirft Simon ein. »Meister« nennt er Jesus, voller Respekt und Anerkennung seiner Autorität. Aber in der Sache meldet er Bedenken an: »Das kannst du gleich lassen, das bringt alles nichts!« Wir haben mitunter sehr genaue Vorstellungen davon, wie etwas getan werden muss. Oder warum etwas in gar keinem Fall gelingen kann. Wir haben unser festes Bild von der Welt, und oft genug ist das ja auch erfahrungsgesättigt.

»Doch wenn du es sagst, werde ich die Netze auswerfen«, so fährt Simon fort. Ihm scheint das so leicht über die Lippen zu kommen, fast wie in einem Atemzug: Wir haben die ganze Nacht nichts gefangen, aber wenn du es sagst … So leicht fällt es wohl nicht, sich von fester Überzeugung zu verabschieden. Aber auch Simon hat vorher diskutiert, obwohl er weiß, dass Jesus der »Meister« ist. Er hat vorgebracht, dass das nichts werden wird, mitten am Tag. Vielleicht hat er auch leise gedacht, dieser Landratte Jesus erkläre ich mal lieber, wie das mit dem Fischen geht. Er sorgt sich vielleicht um seine Männer, die müde sind und Erholung brauchen. Und er sorgt sich womöglich um sich. Ein Fischer, der mittags die Netze auswirft, macht sich ja zum Gespött der Leute. Und doch überwindet er sich und all seine Vorbehalte. Er hält für möglich, dass es Sinn hat zu tun, wozu Jesus mit einiger Bestimmtheit aufruft. Auch wenn das allem widerspricht, was zu erwarten wäre.

Den Mut zu haben, etwas zu wagen, jenseits aller Erfahrung und jenseits dessen, wie man es immer schon gemacht hat, das spricht aus Simons Entscheidung, die Netze dennoch auszuwerfen. Das Gewohnte einmal beiseite zu legen, neu zu denken, einen anderen Blick zu wagen. Jemandem zu vertrauen, die sagt, wir machen es einmal anders und ich bleibe an deiner Seite. Zu vertrauen nicht zuletzt auf Gott selbst, der jeden unsere Wege mitgeht, die Umwege auch.

Es ist unser kleiner Glaube, der uns Einwände und Ausflüchte haben lässt. Obwohl wir doch von den Wundern gehört haben, die Jesus möglich sind. Obwohl wir doch selbst schon erlebt haben, dass Hoffnung wider alle Hoffnung Erfüllung findet. Dass tatsächlich geschieht, was wir nie für möglich gehalten hätten. Dennoch mischt sich in unser Vertrauen immer wieder Zweifel, in unseren Mut Angst und in unseren Glauben Kleinglaube. Doch gerade weil wir glauben, müssen Ängstlichkeit und Verzagtheit nicht das letzte Wort behalten. Und auch: Nur wenn wir etwas Unwahrscheinliches für möglich halten und einen Schritt daraufhin tun, wird es uns zukommen können. Wagen wir doch immer einmal wieder diesen Schritt auf den Horizont zu, den wir nicht begreifen können.

Wer wagt, gewinnt – um es noch etwas profaner zu sagen. »Sie warfen ihre Netze aus und fingen eine so große Menge Fische, dass ihre Netze zu zerreißen drohten.« Der Glaube des Simon, sein Zutrauen und sein Wagnis gehen nicht ins Leere. Die Netze füllen sich mit einer solchen Menge, dass sie kaum zu fassen ist. Simon winkt die Gefährten auf dem anderen Boot heran, sie sollen kommen und ihm helfen. Auch ihr Boot füllt sich randvoll mit Fischen. So sind Johannes und Jakobus und alle Begleiter, von denen es am Ende heißen wird, sie folgten ihm nach, mit hineingenommen in dieses Wunder. Sie erfahren, dass Gott denen in überwältigender Fülle schenkt, die etwas für-möglich-halten, die Gott etwas zu-trauen, die sich selbst trauen, gegen jede Erfahrung, gegen das Gewohnte und Übliche Vertrauen zu wagen.

An dieser Stelle hätte die Geschichte ein Happy-End. Aber es geht weiter. Simon Petrus sieht sich an, wie die Fische ins Boot kommen. Erst ist da pure Freude und Erleichterung. Es hat sich gelohnt. Ich habe richtig entschieden. Endlich Fische, Auskommen für die kommenden Tage. Doch dann hört es gar nicht wieder auf, wird unheimlich, beinahe bedrohlich. Simon, Jakobus, Johannes und alle die anderen Kollegen in ihren Booten, sie wissen nicht, was sie zuerst tun sollen. Sie sehen die Fische, die berstenden Netze, ihre Boote drohen zu sinken. Sie starren auf Jesus, können nicht begreifen, was passiert. Vom Ufer her schallt der Ruf der Menge, die nicht weniger erschrocken ist. Simon erkennt: Hier geschieht das Außergewöhnliche, ihm passiert etwas Un-Glaubliches. Dem fühlt er sich nicht gewachsen, das ist zu groß für ihn und er zu klein. Ein Schrecken erfasste ihn und sie alle. Und der erste Impuls ist: Geh weg von mir! Lass mich in Ruhe! Lass mal gut sein! Ich bin ein ganz normaler Mensch, mit all meinen Verstrickungen. Ich habe gute Tage und weniger gute, mit Fehl und Tadel. Ich bin es nicht wert, dass du, Gott, dieses an mir tust, ich bin zu gering, dir dafür auch nur zu danken. Das, was du mich hier sehen lässt, ist größer, größer als ich.

Was mitschwingt, ist auch das Gottesbild des Alten Testaments: Man kann Gott nicht schauen, ohne zu sterben. Simon Petrus realisiert, was gerade geschehen ist, er erkennt das Göttliche und zugleich seine menschliche Begrenztheit. Doch sind es gerade nicht Drohung, Blitz und Donner, die Simon fast zusammenbrechen lassen, sondern es sind die Wirkmächtigkeit und die überwältigende Güte Gottes.

Denn von Jesus kommt das erlösende Wort: »Fürchte dich nicht!« Diese Zusage! Diese ausgestreckte Hand! Hier spricht nicht der ferne Gott, sondern der nahbare, Mensch gewordene Gottessohn. Ich bin bei dir! Ich sehe dich an und ich nehme dich an, ganz wie du bist. Du bist nicht zu klein, nicht zu gering. Fürchte dich nicht! Ich werde dich nicht überfordern, aber dich zum Großen bewegen. Du wirst nicht sterben, da du mich gesehen hast, erkannt und begriffen, wer ich bin. Sondern du wirst leben. Und nichts wird mehr so sein, wie es zuvor war. Ab heute wirst du Menschen fischen. Du wirst hinausgehen in alle Welt und Menschen von dem erzählen, was dir passiert ist.

Jesus verändert Lebensentwürfe. Er verändert den Blick auf mein Leben. Es geht nicht mehr nur um: Netze flicken, tagein, tagaus hinausfahren, Fische fangen, Fische verkaufen, Überleben sichern, auf ein größeres Boot sparen. Es geht darum, dass plötzlich einer kommt, der etwas sagt, was mich berührt. Dass mich jemand um etwas bittet und ich es ihm gebe. Dass ich mit ihm auf den See rudere, weil das jetzt gerade wichtig ist. Es geht darum, dass ich etwas wage, was ganz und gar unwahrscheinlich ist, unvernünftig womöglich. Nur auf ein Wort hin. Und weil da eine ist, die sagt: Komm! Es geht darum, dass sich meine Hoffnung erfüllt, dass mir Unbegreifliches passiert. Nicht, weil ich es verdiene, sondern weil es mir geschenkt ist. Es geht darum, dass jemand kommt, wenn ich winke, weil mein Boot zu sinken droht. Es geht darum, dass ich mich nicht fürchten muss vor diesem unfassbar großen Gott. Er ist nicht fern, sondern ganz nah, er ist mit mir in einem Boot. Und er sagt: Fürchte dich nicht! Es geht darum, dass ich gar nicht anders kann als von der übersprudelnden Freude in mir zu erzählen. Darum, andere mit hineinzunehmen in diese überwältigende Zusage: Fürchte dich nicht! Es geht auch darum, zuzulassen, dass mein Leben Veränderung kennt, dass manches Boot an Land gebracht und verlassen werden wird – und dass ich mich voller Zuversicht an Gottes Hand darauf einlassen kann. Ja, es geht um Gott und seinen Segen mitten in unserem Leben.

Die Fischer. Einfache Menschen sind es, die Jesus im Herzen berührt und die stehen und liegen lassen, was ihr Leben bisher bestimmt hat. Es ist nicht die Elite des Landes, es sind nicht die Mächtigen, nicht die Hochgelehrten. Es sind Menschen mit Alltagssorgen und wettergegerbten Gesichtern, mit kleinem Glück und überschaubarem Lebensradius. Es sind Menschen, die von ihrem Leben nicht mehr erwarten, als Fische zu fangen und kleine Brötchen zu backen. Und diese Menschen, gerade diese, beauftragt Jesus dazu, Menschenfischer zu werden. Sie sollen losgehen und sich einlassen auf das, was bisher ohne Beispiel ist. Sie sollen denken und von etwas sprechen, das überrascht und das manchem, der um seine Macht fürchten muss, unbequem ist. Vor allem aber sollen sie von dem erzählen, was den Menschen aus dem Herzen spricht, was ihr Sehnen stillt, ihre Sorgen von der Stirn streicht, ihnen Mut gibt und Hoffnung.

Eine Aufgabe also, die unfassbar groß ist. Jedoch keineswegs eine Nummer zu groß. Niemand ist zu klein, zu unbedeutend, zu durchschnittlich, um nicht genau das zu sein: Menschenfischerin. Jede ist groß, begabt, wichtig genug, um Gottes Wort weiterzusagen, es in die Welt zu tragen. Jeder ist schön genug, Resonanzkörper zu sein für Gottes Wort, für Gott, der durch jeden Menschen spricht. Der Mut gibt zu reden und Kraft zu handeln. Der jeden an einen Ort stellt, um beherzt mit Händen voller Kraft und Geschick anzupacken. Und der den Moment weist, die Hände zärtlich an die Wange eines anderen zu legen, um Trost und Zuversicht hinüberfließen zu lassen.

All das heißt doch, Menschenfischerin zu sein und Menschenfischer, oder wörtlich: Menschen lebendig zu fangen. Nicht um sie zu fangen, einzuengen, festzuhalten. Sondern um ihnen von Gott zu erzählen, sie Gott begegnen zu lassen, ihn zu schauen womöglich. Menschen lebendig fangen, das heißt: ihnen Lebens-Retter sein. Ihre Augen strahlen zu lassen, eine Sorge zu nehmen, einen nächsten Schritt zu ermöglichen, die Hand reichen, damit der Sprung gewagt werden kann. Wenn Jesus zusagt: »Von nun an wirst du Menschenfischerin sein«, dann sagt er: Du kannst den Menschen eine Ahnung geben von dem Leben, das ich für euch will, Leben in Freiheit, Leben ohne Angst. Leben, das tiefe Täler der Verzweiflung kennt, aber auch den weiten Blick zum Horizont. Leben, in dem die Wellen bedrohlich hoch schlagen, aber in dem immer auch das Licht des Leuchtturms einen Ausweg weist.

Es ist das Leben, von dem der Psalmist singt: »Das Netz ist zerrissen und wir sind frei.« (Ps 124,7) Solches Leben ist uns zugesagt. Und nicht aus uns selbst heraus haben wir Anteil am Auftrag Gottes, sondern allein durch seine Gnade. Von Christus selbst sind wir gerufen, frei zu sein. Es bedarf dazu nicht der Vermittlung durch eine andere Instanz. Christus meint jede und jeden ganz persönlich. Erhobenen Hauptes und mit geöffneten Armen, die alles erwarten, kann jeder vor Gott stehen.

Mit meinem Gott überspring ich Mauern, heißt es in einem Lied. Mit unserem Gott brechen wir auf, von ihm haben wir Heil und Segen erfahren. Wir werden das nicht für uns behalten, sondern hinausgehen und von Gott reden und singen und tanzen. Wir wollen, wo wir es können, befreien von Angst und Furcht, von Zweifel und Selbstaufgabe. Wir wollen an unserer Kirche bauen, Menschen sammeln, sie alle mit ins Boot holen – ob sie jung sind oder alt, Mann oder Frau, katholisch oder evangelisch, oder anders glaubend oder auf der Suche. Gleich wie sie aussehen, was sie haben und wen sie lieben.

Die Aufforderung dazu, das Gewohnte zu verlassen, ist für mich zuallererst die Mahnung zur Ernsthaftigkeit der Nachfolge. Nachfolge ist keine Nebenbeschäftigung, sondern Lebensaufgabe. Es geht nicht um »morgen vielleicht« und »erst muss ich noch dies und das erledigt haben«. Es geht um hier und jetzt und aus vollem Herzen. Und es geht auch darum, zu überlegen, was uns eigentlich hindert, Jesu Beispiel und Vision vom guten Leben zu folgen.

In unserer Geschichte braucht es am Ende kein explizites »Hinter mich«, kein »Folge mir«. Der eigentliche Ruf in die Nachfolge geschieht schon vorher: »Von nun an wirst du Menschen lebendig fangen.« Das ist bereits der Neuanfang. Dein Leben hat sich bereits verändert, du musst nicht erst noch irgendetwas tun, um überhaupt mein Jünger zu sein. Du hast mich, Gott, erkannt, und hast mir in deinem Leben eine Tür geöffnet. Und allein weil das so ist, bist du von nun an in meinem Namen unterwegs. Dass Simon und die anderen ganz selbstverständlich die Boote an Land ziehen, sie zurücklassen und aufbrechen – das ist die Antwort auf das, was ihnen auf dem See geschehen ist. Sie können und wollen gar nicht anders. Sie sind schon Menschenfischer. Sie müssen es nicht erst noch werden. Jesus hat sie längst in seine Gemeinschaft gezogen.

Es ist also keineswegs eine Bedingung, mit einem harten Schnitt alles, was uns lieb ist, zurückzulassen, um ordentliche Jüngerin Jesu zu sein. Es ist vielmehr längst schon geschehen. Wenn wir erfüllt sind und ergriffen von dem, wie Gott an uns handelt, dann brauchen wir gar nichts zu tun, sondern nur von innen leuchten. Wovon das Herz voll ist, des läuft der Mund über. Manchmal spüren wir selbst, dass wir etwas richtig gut gemacht haben. Dann waren wir besonders mutig oder haben etwas gänzlich Ungewöhnliches gewagt. Manchmal bedankt sich jemand, ihre Augen strahlen und ich habe eine Ahnung davon: Das hat mit mir zu tun. Manchmal tun wir etwas uns ganz Selbstverständliches und merken gar nicht, wie wir gerade dadurch zum göttlichen Funken im Leben einer anderen werden. Und an manchen Tagen tun wir das Große nicht und auch nicht das Kleine – und es ist auch so gut. Wir müssen uns nicht neu erfinden, nicht unsere Leben vom Kopf auf die Füße stellen, nicht alle und alles verlassen, um Jesus nachzufolgen. Aber eben uns im Herzen von ihm berühren lassen, uns ganz öffnen für Gottes Wort. Das geht nicht halb, nicht nur ein bisschen. Sondern ganz, radikal, vollständig. Und es wird unsere Haltung verändern, unsere Sicht auf die Welt, unseren Willen zu verändern und unsere Art, mit Menschen umzugehen: mitten in unserem Alltag, mitten unter denen, die wir schon lange kennen.

Wer erfüllt ist und angezogen wird von diesem Leben in Freiheit und Fülle, das Jesus verspricht, der wird spüren, welcher Weg dorthin führt. Der wird wissen, was als nächstes zu tun ist und welche Boote dringend zurückgelassen werden müssen. Wir blicken auf unsere Welt und ahnen, dass es an der Zeit ist, das

Gewohnte, Bisherige und zunehmend Zerstörerische zu beenden und neu aufzubrechen.

Natürlich ist es bequemer, in gewohnten Bindungen zu verharren, als ins Ungewisse aufzubrechen. Natürlich ist es auf Dauer wirklich anstrengend, gegen den Strom zu schwimmen. Und irgendwie grenzt es auch an Überforderung, sich immer wieder fragen zu müssen, ob es schon reicht, was man Gutes tut. Aber die Geschichte vom Wagnis des aussichtslosen Fischfangs erzählt davon, dass es geht. Und dass es gar nicht anders geht. Unaufgefordert ändern die Fischer ihr Leben, weil es durch Jesus längst verändert ist. Sie brechen auf und es fällt ihnen nicht schwer, weil sie ganz und gar überzeugt sind. Sie haben gesehen, was Gott vermag. Es ist ja schon besser, wenn man weiß, worauf man sich einlässt, wenn man etwas wagt. So hätten wir das gerne. Und es ist nicht auszuschließen, dass wir die Netze auswerfen, immer und immer wieder und dass sie leer bleiben. Doch dann tritt einer zu uns ins Boot. Und sagt: Versuche es noch einmal. Und es geht in Erfüllung, worauf wir hoffen. Es wird gestillt, wonach wir hungern und dürsten. Es wird möglich, was wir nicht begreifen können.

Wenn wir nur Bedenken haben und über Gott und die Welt, auch über die Kirche klagen, dann spüren wir gar nicht, dass wir längst Menschenfischer sind. Dass wir nichts tun müssen, als es wirklich zu sein. Dass wir jeden Tag wagen können, mit Jesus in einem Boot, dass wir vertrauen können auf reichen Fang, aus Gnade, als Geschenk. Das ist die Zusage in aller Krisenhaftigkeit des Lebens. So können wir losgehen, hinaus in alle Welt und hinein in unsere Welt und von dieser Zusage und tragenden Gewissheit erzählen.

Ich bin überzeugt: Wo Menschen fragen und suchen und auch zweifeln, wo sie wachsen im Glauben und mündige Christinnen und Christen sind, das treibt sie mitnichten weg von Gott. Die Frage der Menschen ist doch, wo Traditionen abgebrochen sind: Was hat Gott mit mir zu tun? Mit meinem realen Leben, mitten in meinem Alltag? Vielleicht ist das die Herausforderung heute, wenn wir von Gott sprechen wollen. Dass Gott jeden Menschen ganz persönlich meint. Das jeder und jede schon eine Geschichte mit Gott hat, auf die er sich einlassen kann. Gott ist schon da. Und wer die Gotteskraft für möglich hält, wer – unsicher und zaghaft vielleicht – aber doch das Herz öffnet, der wird sie spüren können. Als Heimat für die Seele, als Quell purer Freude, als Anker in wilden Zeiten, als Trost in Verzweiflung. Als Ahnung davon, dass das Leben größer und weiter ist, als wir es uns vorstellen können.

III

Worauf ich hoffe

Ausblick

Was möchtest du in deinem Leben erreichen?

Eine schlimme Situation: Umzingelt von ganz vielen Erwachsenen und dann diese Frage, die früher oder später einmal jeder von uns gestellt kriegt. Als kleines Kind noch einfach: Feuerwehrfrau oder heute vielleicht Einhornspezialistin. So viel Zündstoff mit Fragezeichen – wer will ich sein, was will ich werden, wo soll die Reise hingehen? Im Teenageralter dann das Stottern, Rotwerden, Grübeln. Ich will nach Amerika. Der Satz hätte schon gereicht, um als Vierzehnjährige im Jugendknast zu landen. Aber das wollte ich wirklich, einfach Freiheit. Der Begriff »Freiheit« wird sehr schnell weniger abstrakt, wenn man sie nicht hat. Und so wurde der Wunsch nach einer Gesellschaft, in der sich jeder frei entfalten kann, eines der Dinge, die ich unbedingt erreichen wollte – und will!

Wir haben in den vergangenen Jahren viel erreicht: Wir leben in einem Land, in dem uns die Verfassung garantiert, dass niemand diskriminiert werden darf, egal ob Mann oder Frau, Christin oder Muslima, ob in Erbil geboren oder in Erfurt. Dieses Versprechen auf persönliche Freiheit ist ein Schatz, den wir uns immer wieder ins Gedächtnis rufen und verteidigen sollten.

»Meine Seele war gefangen wie ein Vogel im Netze des Vogelfängers, das Netz ist zerrissen und wir sind frei.« So heiß es in der Bibel im Psalm 124 und darin drückt sich das Ganze der Freiheit aus. Das Gefangensein erinnern und zugleich erfahren, was Freiheit ist. Wissen, dass man fliegen kann, auch wenn man es gerade nicht kann, weil die Mähen des Netzes jeden Flügelschlag hindern. Die freie Seele, darum geht es, weil sie die umfassende Freiheit meint. Freiheit, weil ich denken und sagen kann, was ich will, was ich richtig finde, ohne jede Gefahr. Freiheit, weil ich mich ausbreiten und entfalten kann, weil niemand meine Flügel stutzt. Freiheit von Beobachtung und Verfolgung, weil da kein Vogelfänger zu sein hat, der in meine Seele knechten will.

Dass das nicht selbstverständlich ist, sehe ich jeden Tag. In vielen Gesprächen mit Flüchtlingen ist mir klargeworden, dass sie natürlich wegen des Krieges, wegen der Not und Vertreibung hierher kommen. Sie sehen sich nach eben dieser Freiheit, sie wollen endlich ihr Leben anpacken können.

Die Welt ist im Umbruch, Deutschland steht vor großen Aufgaben. Ich bin in der DDR aufgewachsen, habe die Friedliche Revolution 1989 erlebt. Natürlich machen Freiheiten Angst und erst Recht Veränderungen, aber ich selbst habe gesehen, wie viele Chancen sie bieten, wenn wir uns den Aufgaben selbstbewusst stellen.

Ich werde heute oft gefragt, ob mir die Veränderungen in unserem Land keine Angst machen. Die Flüchtlinge, die Gefahr von Anschlägen, die innere Sicherheit. Ob ich nicht auch daran zweifele, dass wir es als Land, als Gesellschaft schaffen, die Flüchtlinge zu integrieren, dass wir zusammen bleiben können. Ich sehe, dass sich unser Land ändert. Aber das macht mir keine Angst. Denn Deutschland ist mehr als ein verunsichertes Land, wir haben schon viel geschafft. Es ist viel in Bewegung geraten: Viele Menschen sind zu uns gekommen, viele andere helfen, andere sind verunsichert. Ich bleibe zuversichtlich. Meine Erfahrung ist: Veränderung ist eine Chance, wenn wir den Mut aufbringen, sie zu nutzen. Ich entscheide mich für den Mut.

Mir ist klar, dass sich vieles nicht sofort lösen lässt. Es werden nicht über Nacht alle Flüchtlinge Facharbeiter; und ausreichend bezahlbare Wohnungen sind auch morgen noch nicht fertig gebaut. Aber ich will anpacken, statt Angst haben. Ich rede mit Leuten, schaue, was gebraucht wird, und fange an. Ich bin und bleibe zuversichtlich. Und das liegt auch daran, dass ich schon einmal in meinen Leben die Erfahrung gemacht habe, dass mit Veränderung mehr Freiheit kommt. Dass es besser wird, wenn man es gut macht. Gemeinsam. Jetzt haben wir die Chance, viele Fehler der alten Bundesrepublik nicht zu wiederholen. Nicht noch einmal Gastarbeiter und parallele Gesellschaften. Wir schaffen es nur, wenn wir jetzt richtig investieren und ehrlich sind. Das wird Geld kosten und Personal. Aber es lohnt sich, allen zu zeigen, dass wir zusammengehören. Die Jugendlichen, die in Duisburg-Marxloh aufwachsen, sollen spüren, dass sie dazugehören, dass sie Chancen haben, ja, dass wir sie brauchen, egal ob ihre Großmutter nun Erna heißt oder Eylem oder Eugenija. Ja, klar haben wir unterschiedliche Kulturen, Religionen, von mir aus auch Gewohnheiten. Das ist gut, wir können voneinander lernen. Das gibt Stress, wenn Frauenrechte nicht akzeptiert werden, wenn Antisemitismus aufflammt, wenn es gegen Schwule und Lesben geht oder gegen wen auch immer. Und es ist egal, ob jemand aus Damaskus kommt oder aus Dresden, da gibt es keinen Kompromiss und keinen Rabatt.

Gemeinsam statt gegeneinander, darum geht es! Diesen Anspruch haben wir mit vielen Menschen in Deutschland gemeinsam. Es ist unser Land. Wir geben es nicht preis, nicht den Fremdenfeinden, nicht den Ausgrenzern und nicht den Nazis. Den Gegnern einer freien und offenen Gesellschaft stellen wir uns entgegen – in den Parlamenten, auf der Straße, im Netz. Mir ist das ein persönliches Anliegen, meine Unbarmherzigkeit gegenüber Nazis begann, als ich bei meinem Vater »Mein Kampf« fand und all die Sprüche von »es war nicht alles schlecht«. Diejenigen, die keinerlei Toleranz gegenüber Andersseienden verspüren, bekommen auch von mir keine. Denn Rechtspopulisten und Neonazis sind die Feinde eines freien Landes. Frei ist, wer sich ändern darf. Wenn Rana als Kind syrischer Flüchtlinge ein Start-Up gründet und eine technische Revolution auf den Markt bringt. Oder wenn Kevin aus dem Wedding als erstes Kind in seiner Familie studiert und mein neuer Zahnarzt wird. Oder auch wenn Karen Sabine heiratet. Allen steht es in diesem Lande frei, sich zu entfalten – und genau das bekämpfen die Rechten. Weltanschaulicher Kern und politischer Zielpunkt der neuen Rechten ist »Wiederherstellung« einer – in weiten Teilen nur vorgestellten – Gesellschaft ohne große kulturelle Unterschiede, ohne abweichende und vielfältige Lebensstile. Eine Gesellschaft, in der es eine dominierende Religion, klare Hierarchien und alte patriarchale Geschlechterrollen gibt. Ausbrechen ist nicht vorgesehen. Sie haben eine genaue Vorstellung, wie die Welt und ihre Menschen zu sein hat, Anderssein und Andersdenken haben keinen Platz. In so einer Welt will ich nicht leben. Deswegen ist mir das so wichtig: Die Freiheit zur Vielfalt stärken!

»Zur Freiheit hat uns Christus befreit! So steht nun fest und lässt euch nicht wieder das Joch der Knechtschaft auflegen.« So heißt es in der Bibel im Brief an die Galater. Wissen, dass wir das Recht haben auf Freiheit, aber dass dazu eben auch gehört, dass die anderen frei sein dürfen. Dass zu Freiheit übrigens Verantwortung gehört, auch denen gegenüber, die ihre Freiheit nicht leben können oder deren Freiheit durch unsere Art zu leben eingeschränkt wird. Unsere Freiheit und die Freiheit der Anderen gehören eben zusammen. Das Joch der Knechtschaft kann auch die Knechtschaft sein, die Talente nicht nutzen, die Hoffnungen nicht erfüllen oder die eigenen Wege nicht gehen zu können, nicht aus eigenem Verschulden, sondern weil die Verhältnisse so sind.

Ich will erreichen, dass wir in einer Gesellschaft leben, in der jede und jeder sein und ihr Leben frei leben kann. Noch sehe ich das nicht immer gegeben. Noch hängt die Zukunft der Kinder noch viel zu sehr vom Geldbeutel der Eltern ab. Mir wurde mein Berufswunsch einst aus politischen Gründen verwehrt. Darum möchte ich, dass unseren Kindern die Welt offensteht, egal, wer ihre Eltern sind, woher sie kommen, wo sie jetzt wohnen und was sie verdienen. Für mich ist es sowohl als Politikerin, aber vor allem auch als Christin ein tiefes inneres Bedürfnis, mehr Gerechtigkeit zu schaffen. Wir leben in so einem reichen Land und trotzdem habe ich in Suppenküchen und Tafeln kleine und auch große Kinder getroffen. Das kann und will ich nicht akzeptieren! Ich will erreichen, dass wir Frauen und Männer wirklich gleich behandeln, in unserer Gesellschaft und in den Unternehmen. Dass es nicht mehr ein Armutsrisiko ist, alleinerziehend zu sein. Und dass sich die Großmütter und Großväter dieses Landes nicht nur die Fahrkarte zu ihren Enkeln leisten können, sondern auch noch ein ferngesteuertes Auto für die Enkelin drin ist.

Wenn ich etwas mit der Friedlichen Revolution gelernt habe, dann dies: dass man großen Herausforderungen am besten mit Mut und Zuversicht begegnet. Und es liegen große Aufgaben vor uns. Es ist zwar schön, Mitte März schon im T-Shirt angrillen zu können – aber ist das eigentlich normal? 2014, 2015 und 2016 sind die wärmsten Jahre seit Beginn der Temperaturaufzeichnungen – ist das normal? Pole schmelzen, Dürren verursachen Missernten. Nein, das alles ist nicht normal und darf es nie werden. Manche meinen ja, der Klimaschutz sei schon auf einem guten Weg, weil alle darüber reden. Aber zwischen Reden und Tun ist manchmal ein himmelweiter Unterschied, auch hier in Deutschland. Dabei geht es um so viel, es ist die Überlebensfrage der Menschheit. Darum, ob Kinder und Enkel noch saubere Luft zum Atmen haben werden. Darum, ob wir weiter die Lebensgrundlagen anderer durch unsere Art zu wirtschaften und zu konsumieren zerstören. Nur darüber jammern hilft nicht, wir müssen handeln, dringend. Wir Deutschen haben uns 2002 mutig dafür entschieden, aus der Atomkraft auszusteigen. Dass das der richtige Weg ist, davon bin ich felsenfest überzeugt. Ich war 1990 in Weißrussland und habe gesehen, welche Folgen der atomare GAU hat. Und ich habe auch gesehen, wie Kohlekraft unsere wunderschöne Umwelt zerstört, ganze Dörfer auffrisst und die Luft verpestet. Sonne, Wind und Wasser können uns allen genug Energie liefern, ohne Zerstörung und Luftverschmutzung. Wenn wir es schaffen, dass wir weltweit auf Erneuerbare Energien setzen und die Klimakiller abservieren, dann wäre für mich eines meiner Lebensziele erreicht. Denn ich finde, ich bin es meinen Kindern und deren Kindern schuldig, für eine saubere und lebenswerte Erde zu kämpfen. Diese Welt, auf der wir leben, ist ein Geschenk. Gemeinsam können wir erreichen, dass sie lebenswert bleibt. Es braucht eine Energierevolution und die Agrarwende, wir selbst halten dafür die Schlüssel in der Hand. Ich habe schon mal eine Revolution mitgemacht, ich stehe auch gerne für die nächste bereit. Und ja, es stimmt: Wir sind die erste Generation, die die Klimaveränderung spürt und die letzte, die sie noch eindämmen kann.

»… füllet die Erde und machet sie euch untertan.« Heißt es im ersten Buch der Bibel und »… Gott sah an alles, was er gemacht hatte, und siehe, es war sehr gut.« Oft genug ist das mit dem Untertan-Machen falsch verstanden worden. Nein, es ging eben nicht darum, die Erde und was auf ihr wächst und lebt zu versklaven und auszubeuten. Ganz im Gegenteil: es geht um

Bewahren und Beschützen. Es geht um die Schöpfung, die eben sehr gut ist. Es geht darum, alles zu tun, damit unsere Enkelkinder, wenn wir später mal von Schmetterlingen erzählen wollen, nicht in Naturmuseen müssen, sondern sie ihren Kindern den Witz mit dem Zitronenfalter, der keine Zitronen faltet, draußen in der Natur erzählen, weil die gelbe Schönheit gerade durch den Garten fliegt, so wie das meine Großmutter mit mir gemacht hat.

Wir haben schon lange nicht nur eine nationale, sondern eine globale Verantwortung. Denn wer Lebensgrundlagen zerstört, der schafft automatisch neue Gründe, die morgen Menschen zur Flucht zwingen. Fluchtursachen bekämpfen, heißt Umweltschutz ernst nehmen. Die Energierevolution, fairer Handel und eine anständige Landwirtschaft, die hier wie weltweit Böden, Wasser und Luft erhält, gehört für mich zu den wichtigsten Aufgaben der Menschheit.

Die Herausforderungen und Aufgaben sind groß. Aber wenn wir zusammenstehen, als Dorf, als Gemeinde, als Familie oder als Land, können wir auch Großes bewältigen. Das beste Beispiel dafür ist immer noch die Europäische Union, eine unserer größten historischen Errungenschaften. Sie bedeutet: Zusammenarbeit statt Nationalismus, nie wieder Krieg. Was für ein wunderbares Versprechen in der heutigen Zeit und in Anbetracht unserer Vergangenheit! Die Europäische Union ist die Erkenntnis: Nur zusammen können wir unsere Lebensgrundlagen schützen, Globalisierung gestalten, eine zukunftsfähige Wirtschaft schaffen und Frieden sichern. Ohne das europäische Friedensprojekt wäre ich heute möglicherweise immer noch Bürgerin der DDR oder eines ostdeutschen Staates anderen Namens. Denn ohne die Integration Deutschlands in Europa wäre die Wiedervereinigung gegenüber skeptischen Franzosen und Briten kaum möglich gewesen. Die EU ist der Beweis dafür, dass Mut und Visionen sich lohnen.

»Das Auge kann nicht sagen zu der Hand: ich brauche dich nicht; oder das Haupt zu den Füßen: ich brauche euch nicht. Vielmehr sind die Glieder des Leibes, die uns schwächer erscheinen, die nötigsten ... und wenn ein Glied leidet, so leiden alle Glieder, und wenn ein Glied geehrt wird, so freuen sich alle Glieder mit«, so heißt es im ersten Brief an die Korinther. Und so einfach das klingt, so wahr ist es auch. Diese Welt retten wir nur als Ganzes. Dieses Europa kann nur zusammen stark sein, ja, mit den Schwächsten.

Es sind aufregende Zeiten und deshalb wichtiger denn je, Haltung zu zeigen. Große Veränderungen können beängstigend sein. Ich finde, wir sollten sie als Chance verstehen, um Zusammenhalt zu stiften und zu verteidigen. Mein Engagement in der evangelischen Kirche bestätigt mich darin, dass es nur mit Werten, Halt und Vertrauen geht. Mitmenschlichkeit, Empathie und Vertrauen, darum geht es. Und mein Lebensweg stärkt meinen Willen, den Sorgen, Hoffnungen und Wünsche aller eine Stimme zu geben. Fragten mich heute die großen Erwachsenen wieder: »Was möchtest du in deinem Leben erreichen?«. Ich antwortete: »Menschen!«